ANNALES DU MUSÉE GUIMET
BIBLIOTHÈQUE DE VULGARISATION
TOME XXIV

LES RELIGIONS ORIENTALES
DANS LE
PAGANISME ROMAIN

LES
RELIGIONS ORIENTALES
DANS LE
PAGANISME ROMAIN

CONFÉRENCES
FAITES AU COLLÈGE DE FRANCE
PAR
FRANZ CUMONT

TROISIÈME ÉDITION REVUE

PARIS
LIBRAIRIE LEROUX
28, Rue Bonaparte, 28

1929

À MON MAÎTRE ET AMI
CHARLES MICHEL
1886-1929

PRÉFACE

En novembre 1905, le Collège de France nous fit l'honneur de nous appeler à inaugurer, à la suite de M. Naville, la série des conférences instituées par la fondation Michonis. Le « Hibbert-Trust » nous invita quelques mois plus tard à développer à Oxford certaines questions que nous avions abordées à Paris. Nous avons réuni ici le contenu de ces deux séries de leçons, en nous bornant à y ajouter une courte bibliographie et des notes destinées aux érudits qui seraient désireux de contrôler nos assertions. La forme de notre exposé n'a guère été remaniée; nous osons, néanmoins, espérer que ces pages, destinées à être dites, supporteront d'être lues, et que le titre de ces études ne semblera pas trop ambitieux pour ce qu'elles offrent. La propagation des cultes orientaux est, avec le développement du néo-platonisme, le fait capital de l'histoire de l'empire païen. Nous souhaitons que ce volume, petit pour un si grand sujet, puisse faire au moins entrevoir cette vérité, et que le lecteur accueille ces essais avec l'intérêt bienveillant que leur ont témoigné nos auditeurs de Paris et d'Oxford.

On voudra bien se souvenir que les divers chapitres ont été conçus et rédigés en vue de conférences. Nous n'avons pas prétendu y dresser, par doit et avoir, le bilan de ce que le paganisme latin emprunta à l'Orient ou lui prêta. Certains faits, qui sont bien connus, ont été délibérément laissés dans l'ombre pour faire place à d'autres, qui le sont peut-être moins. Nous avons pris avec notre sujet des libertés que n'eût pas tolérées un traité didactique et dont personne sans doute ne voudra nous faire un grief.

Peut-être sera-t-on cependant tenté de nous reprocher une omission en apparence essentielle. Nous avons exclusivement étudié le développement interne du paganisme dans le monde latin, et nous n'avons considéré qu'incidemment et accessoirement ses rapports avec le christianisme. La question est cependant à l'ordre du jour; elle ne préoccupe plus seulement les savants; elle a fait l'objet de conférences retentissantes, et, après les monographies érudites, les manuels les plus répandus s'en sont occupés. Nous ne voulons méconnaître ni l'intérêt, ni la gravité de ce problème, et ce n'est point parce qu'il nous a semblé négligeable que nous l'avons négligé. Les théologiens, par suite de la direction de leur esprit et de leur éducation, ont longtemps été plus disposés à considérer la continuité de la tradition juive que les causes qui sont venues la troubler; mais une réaction s'est produite, et l'on s'attache aujourd'hui à montrer que l'Église a fait des emprunts considérables aux conceptions et aux cérémonies rituelles des mystères païens. Or, lorsqu'on parle ici de mystères, on doit songer à l'Asie hellénisée bien plus qu'à la Grèce propre, malgré tout le prestige qui entourait Éleusis. Car, d'abord, les premières communautés chrétiennes se sont fondées, formées, développées au milieu de populations orientales, Sémites, Phrygiens, Égyptiens. De plus, les religions de ces peuples étaient beaucoup plus avancées, plus riches en idées et en sentiments, plus prégnantes et plus poignantes que l'anthropomorphisme gréco-latin. Leur liturgie s'inspirait partout de croyances cathartiques généralement acceptées, se traduisant par certains actes, regardés comme sanctifiants, qui étaient presque semblables dans les diverses sectes. La foi nouvelle a versé la révélation qu'elle apportait dans les formes consacrées des cultes pré-existants, les seules que le monde où elle a grandi pût concevoir. Tel est à peu près le point de vue qu'adoptent les historiens les plus récents.

Mais, quelque attachant que soit ce problème considérable, nous ne pouvions songer à le traiter même sommairement dans des études sur le paganisme romain. La question se réduit dans le monde latin à des proportions beaucoup plus modestes, et elle y change complètement d'aspect. Le christianisme ne s'est répandu ici qu'après être sorti du stade embryonnaire, quand il était virtuellement constitué. En outre, les mystères orientaux y restèrent longtemps, comme lui, la religion d'une minorité surtout étrangère. Entre ces sectes rivales, des échanges se sont-ils produits? Le silence des écrivains ecclésiastiques n'est pas une raison suffisante pour le nier : on avoue malaisément des emprunts faits à ses adversaires, de peur de reconnaître quelque valeur à la cause dont ils sont les défenseurs. Mais je crois qu'il ne faut pas en exagérer l'importance. Sans doute certaines cérémonies et fêtes de l'Église ont pu se modeler sur celles des païens : la Noël fut au

IVᵉ siècle placée le 25 décembre parce qu'on célébrait à cette date la *Nativité du Soleil* (Natalis Invicti), *revenant chaque année à une vie nouvelle après le solstice. Certaines survivances des cultes d'Isis ou de Cybèle ont pu se perpétuer, à côté d'autres pratiques du polythéisme, dans les dévotions à des saints locaux. D'autre part dès que le christianisme devint une puissance morale dans le monde, il s'imposa même à ses ennemis. Les prêtres phrygiens de la Grande Mère opposèrent ouvertement leurs fêtes de l'équinoxe du printemps à la Pâque chrétienne et ils attribuèrent au sang répandu dans le taurobole le pouvoir rédempteur qu'avait celui de l'Agneau divin. Il y a là une série de problèmes très délicats de chronologie et de dépendance qu'il serait téméraire de vouloir résoudre en bloc. Ils recevront une réponse différente sans doute pour chaque cas particulier, et quelques-uns resteront, je le crains, toujours insolubles. On peut parler de « vêpres isiaques » ou d'une « cène de Mithra avec ses compagnons » mais seulement dans le sens où l'on dit « les princes vassaux de l'empire » ou « le socialisme de Dioclétien ». C'est un artifice de style pour faire saillir un rapprochement et établir vivement et approximativement un parallèle. Un mot n'est pas une démonstration, et il ne faut pas se hâter de conclure d'une analogie à une influence. Les jugements préconçus sont toujours l'obstacle le plus sérieux qui s'oppose à une connaissance exacte du passé. Certains écrivains modernes ne sont pas éloignés de voir, avec les anciens Pères, dans les ressemblances entre les mystères et les cérémonies de l'Église, une parodie sacrilège inspirée par l'Esprit de mensonge. D'autres historiens semblent disposés à soutenir les prétentions des prêtres orientaux qui réclamaient à Rome pour leurs cultes la priorité et voyaient dans les cérémonies chrétiennes un plagiat de leurs antiques rituels. Ils se trompent grandement, ce semble, les uns et les autres. Des ressemblances ne supposent pas nécessairement une imitation, et les similitudes d'idées ou de pratiques doivent souvent s'expliquer, en dehors de tout emprunt, par une communauté d'origine.*

Un exemple rendra ma pensée plus claire. Les sectateurs de Mithra ont assimilé la pratique de leur religion au service militaire. En y entrant, le néophyte était astreint à un serment (sacramentum) *semblable à celui qu'on exigeait des recrues dans l'armée, et l'on imprimait sans doute pareillement sur son corps une mar-*

que indélébile, gravée au fer ardent. Dans la hiérarchie mystique, le troisième grade était celui de soldat (miles) : *désormais l'initié fait partie de la sainte milice du dieu invincible et combat sous ses ordres les puissances du mal. Toutes ces idées et ces institutions s'accordent si bien avec ce que nous savons du dualisme mazdéen, où toute la vie est conçue comme une lutte contre les esprit malfaisants, elles sont si inséparables de l'histoire même du mithriacisme, qui fut toujours par excellence une religion de soldats, qu'à n'en pas douter, elles lui ont appartenu dès avant son arrivée en Occident.*

D'autre part, nous trouvons dans le christianisme des conceptions similaires. La société des fidèles — l'expression est encore en usage — s'appelle l'« Église militante ». Dans l'antiquité, la comparaison de cette Église avec une armée est poursuivie jusque dans les détails ; le baptême du néophyte est le serment de fidélité que les recrues prêtent au drapeau ; le Christ est « l'empereur », commandant suprême de ses disciples; ceux-ci forment des cohortes qui, sous sa conduite triomphe des démons ; les apostats sont des déserteurs ; les sanctuaires, des camps ; les pratiques pieuses, des excercices et des factions.

Si l'on songe que l'Évangile fut une prédica-

tion de paix, *que les chrétiens éprouvèrent longtemps de la répugnance à pratiquer le service militaire où leur foi était menacée, on sera tenté a priori d'admettre une influence du culte belliqueux de Mithra sur la pensée chrétienne.*

Et cependant il n'en est pas ainsi. Le thème de la militia Christi *apparaît dans les plus anciens écrivains ecclésiastiques, dans les épîtres de saint Clément et même dans celles de saint Paul. Il est impossible d'admettre à cette époque une imitation des mystères mithriatiques, qui, alors, n'avaient encore aucune importance.*

Mais si l'on étend ses recherches sur l'histoire de cette idée, on constatera que, au moins sous l'Empire, les mystes d'Isis sont regardés aussi comme formant des cohortes sacrées, engagées au service de la déesse ; qu'antérieurement, dans la philosophie stoïcienne, l'existence humaine est souvent comparée à une campagne, et que même les astrologues appellent l'homme qui se soumet aux ordres du Destin, en renonçant à toute révolte, le soldat de la Fatalité.

Cette conception de la vie, et spécialement de la vie religieuse, était donc très répandue dès le commencement de notre ère. Elle est manifestement antérieure à la fois au christianisme et au mithriacisme. Elle s'est développée dans les monarchies militaires des diadoques asiatiques, qui étaient en partie des adeptes du dualisme mazdéen. Nous connaissons les serments d'allégeance que leurs sujets prêtaient à ces souverains divinisés. Ils s'engageaient à les défendre et à les soutenir aux dépens même de leur propre vie, à avoir toujours les mêmes amis et les mêmes ennemis qu'eux ; ils leur vouaient non seulement leurs actions et leurs paroles, mais jusqu'à leurs pensées. Leur devoir était de consentir un abandon total de leur personnalité en faveur de ces monarques égalés aux dieux. La militia *sacrée des mystères n'est que cette morale civique considérée au point de vue religieux. Le loyalisme se confondait alors avec la piété.*

Ainsi, les recherches sur les doctrines ou les pratiques communes au christianisme et aux mystères orientaux font remonter presque toujours au delà des limites de l'Empire romain, jusqu'à l'Orient hellénistique. C'est là que furent élaborées les conceptions religieuses qui s'imposèrent sous les Césars à l'Europe latine ; c'est là qu'il faut chercher la clef d'énigmes encore irrésolues. A la vérité, rien n'est plus obscur à l'heure actuelle que l'histoire des sectes qui naquirent en Asie au moment où la culture grecque entra en contact avec la théologie barbare. Il est rarement possible de formuler avec assurance des conclusions parfaitement satisfaisantes, et, en attendant de nouvelles découvertes, l'esprit sera souvent réduit à peser des probabilités contraires. Sur la mer mouvante du possible, il faut jeter fréquemment la sonde pour trouver un ancrage sûr. Mais nous apercevons, du moins assez clairement, la direction où les investigations doivent être poursuivies. Le point où il faudrait surtout porter la lumière, c'est, pensons-nous, le culte composite de ces communautés juives ou judéo-païennes, adorateurs d'Hypsistos, Sabbatistes, Sabaziastes et autres, où la foi nouvelle s'est implantée dès l'âge apostolique. Avant le début de notre ère, la loi mosaïque s'y était déjà pliée aux usages sacrés des gentils, et le monothéisme y avait fait des concessions à l'idolâtrie. Bien des croyances de l'ancien Orient, comme par exemple les idées du dualisme perse sur le monde infernal, sont parvenues en Europe par une double voie, d'abord par le judaïsme plus ou moins orthodoxe des communautés de la Diaspora, où l'Évangile fut immédiatement accueilli, puis par les mystères païens, importés de Syrie ou d'Asie mineure. Certaines similitudes dont s'étonnaient et s'indignaient les apologistes cesseront de nous paraître surprenantes quand nous apercevrons la source lointaine dont sont dérivés les canaux qui se réunissent à Rome.

Mais ces recherches délicates et compliquées de provenance et de filiation appartiennent surtout à l'histoire de la période alexandrine. Le fait essentiel, si l'on considère l'Empire romain, c'est que les religions orientales ont répandu, antérieurement puis parallèlement au christianisme, des doctrines qui ont acquis avec lui une autorité universelle au déclin du monde antique. La prédication des prêtres asiatiques prépara ainsi, malgré eux, le triomphe de l'Église, et celui-ci a marqué l'achèvement de l'œuvre dont ils ont été les ouvriers inconscients.

Ils avaient, par leur propagande populaire, désagrégé radicalement l'ancienne foi nationale des Romains, en même temps que les Césars détruisaient peu à peu le particularisme politique. Avec eux, la religion cesse d'être liée à un État pour devenir universelle ; elle n'est plus conçue comme un devoir public, mais comme une obligation personnelle ; elle ne subordonne plus l'individu à la cité, mais prétend avant tout assurer son salut particulier dans ce monde et surtout dans l'autre. Les mystères orientaux ont tous découvert à leurs adeptes les perspectives radieuses d'une béatitude éternelle. L'axe de la moralité fut ainsi déplacé : elle ne chercha plus, comme dans la philosophie grecque, à réaliser le souverain bien sur cette terre, mais dans l'au delà. On n'agit plus en vue de réalités tangibles, mais pour atteindre des espérances idéales. L'existence ici-bas fut conçue comme une préparation à une vie bienheureuse, comme une épreuve dont le résultat devait être une félicité ou une souffrance infinies. Toute la table des valeurs éthiques fut ainsi bouleversée.

Le salut de l'âme, qui est devenu la grande affaire humaine, est, dans ces mystères, assuré surtout par l'exact accomplissement de cérémonies sacrées. Les rites ont un pouvoir purificateur et rédempteur ; ils divinisent l'homme et le délivrent ainsi de la puissance des esprits hostiles et de la domination du Destin. Par suite, le culte est chose singulièrement importante et absorbante, et la liturgie ne peut être accomplie que par un clergé qui s'y consacre tout entier. Les dieux asiatiques veulent être servis sans partage : leurs prêtres ne sont plus des magistrats, à peine des citoyens, ils se vouent sans réserve à leur ministère et exigent de leurs fidèles la soumission à leur autorité sacrée.

Tous ces traits, que nous ne faisons qu'esquisser, rapprochent les cultes orientaux du christianisme, et celui qui lira ces études trouvera bien d'autres points de contact entre eux. Nous sommes même beaucoup plus frappés de ces analogies que ne l'étaient les contemporains eux-mêmes, parce que nous avons appris à connaître, dans l'Inde et en Chine, des religions très différentes à la fois du paganisme romain et du christianisme, et que les affinités entre ceux-ci nous apparaissent plus vivement par contraste. Ces similitudes théologiques ne s'imposaient pas à l'attention des anciens, parce qu'ils ne concevaient guère l'existence d'autres possibilités, et c'étaient surtout les différences qu'ils remarquaient. Je ne me dissimule nullement combien celles-ci étaient considérables : la divergence capitale, c'est que le christianisme, en plaçant Dieu hors des limites du monde, dans une sphère idéale, a voulu s'affranchir de toute attache avec un polythéisme souvent abject. Mais, même lorsque nous nous posons en adversaires de la tradition, nous ne pouvons rompre avec le passé, qui nous a formés, ni nous dégager du présent, dont nous vivons. A mesure qu'on étudiera de plus près l'histoire religieuse de l'Empire, le triomphe de l'Église apparaîtra *davantage, pensons-nous, comme l'aboutissement d'une longue évolution des croyances. On ne peut comprendre le christianisme du V*^{e}* siècle, sa grandeur et ses faiblesses, sa hauteur spirituelle et ses superstitions puériles, si l'on ne connaît les antécédents moraux du monde où il s'est épanoui. La foi des amis de Symmaque, malgré qu'ils en eussent, était beaucoup plus éloignée de l'idéal religieux d'Auguste que de celui de leurs adversaires au Sénat. J'espère que ces études réussiront à montrer comment les cultes païens de l'Orient favorisèrent le long effort de la société romaine, qui se contenta longtemps d'une idolâtrie assez plate, vers des formes plus élevées et plus profondes de la dévotion. Peut-être la crédulité de leur mysticisme mérite-t-elle tous les reproches auxquels est sujette aussi la théurgie du néo-platonisme, qui puise aux mêmes sources d'inspiration ; mais comme lui, en affirmant l'essence divine de l'âme, ils ont fortifié dans l'homme le sentiment de sa dignité éminente ; en faisant de la purification intérieure l'objet principal de l'existence terrestre, ils ont affiné et exalté la vie psychique et lui ont donné une intensité presque surnaturelle que, auparavant, le monde antique n'avait pas connue.* Juillet 1906.

PRÉFACE
DE LA TROISIÈME ÉDITION

Près de vingt ans se sont écoulés depuis l'apparition de la deuxième édition, et, dans ce long intervalle de temps, les recherches sur les religions orientales se sont multipliées, des découvertes de textes et de monuments importants se sont produites. S'il avait fallu discuter toutes les hypothèses émises à ce propos ou même faire connaître tous les résultats obtenus, ce petit livre serait devenu un gros volume. Mais le but de ces conférences eût cessé alors d'être atteint, et, transformées en dissertations érudites, elles n'auraient plus été accessibles à la généralité des hommes cultivés. L'on avait essayé d'y mettre en relief certaines idées essentielles, de marquer les caractères distinctifs des divers mystères orientaux et de montrer leur action dans le monde latin. Un pareil exposé eût été obscurci plutôt qu'éclairé, si l'on s'était attaché à n'y rien omettre, et la multiplicité des détails eût fait perdre de vue les lignes maîtresses ; ici encore, les arbres eussent empêché de voir la forêt. Ces conférences n'ont donc point changé de caractère, mais le texte en a été soigneusement revu et a subi de nombreuses retouches : corrections d'erreurs matérielles, additions de quelques faits caractéristiques, ou indications de vues nouvelles. Le supplément le plus considérable a été celui d'un appendice sur les mystères romains de Bacchus, qui furent en réalité à demi orientaux et ne devaient pas être négligés.

Les quelques notes qui accompagnaient autrefois ces conférences n'étaient plus au courant des recherches récentes et, sauf certaines références, elles ont été supprimées. La plupart des lecteurs s'en passeront sans regret. Elles devront être entièrement remaniées en vue d'une édition destinée plus spécialement aux historiens, où l'on s'efforcera aussi d'user davantage de cette source d'informations directes que sont pour nous les monuments figurés.

Paris, Juin 1929.

I

ROME ET L'ORIENT — LES SOURCES

Nous aimons à nous considérer comme les héritiers de Rome, et nous nous persuadons volontiers que le génie latin, après s'être assimilé celui de la Grèce, exerça dans le monde antique une hégémonie intellectuelle et morale analogue à celle que possède encore l'Europe, et qu'il a marqué à jamais de sa forte empreinte la culture de tous les peuples soumis à l'autorité des Césars. Il est difficile de s'abstraire complètement du présent et pénible de renoncer à des prétentions aristocratiques. Nous avons peine à croire que l'Orient n'a pas toujours été réduit en quelque mesure à l'état d'abaissement dont il se relève lentement, et nous attribuons volontiers aux anciens habitants de Smyrne, de Béryte ou d'Alexandrie les défauts qu'on reproche aux Levantins d'aujourd'hui. L'influence grandissante des Orientaux, qui accompagne la décadence de l'Empire, a souvent été considérée comme un phénomène morbide, symptôme de la lente décomposition du monde antique. Renan, lui-même, ne paraît pas s'être suffisamment affranchi d'un vieux préjugé lorsqu'il écrivait à ce propos : « Il était inévitable que la civilisation la plus vieille et la plus usée domptât par sa corruption la plus jeune. » (1)

Mais si l'on considère froidement la réalité des faits, en se gardant de cette illusion d'optique qui fait paraître plus considérables les objets dont nous sommes immédiatement entourés, on se formera une tout autre conviction. Rome trouva, sans contredit, en Occident le point d'appui de sa puissance militaire : les légions du Danube et du Rhin furent toujours plus solides, plus vaillantes, mieux disciplinées que celles de l'Euphrate et du Nil. Mais c'est surtout en Orient, précisément dans ces pays de « vieille civilisation », qu'il faut chercher, avant même que Constantin y transportât le centre de gravité de la

---

(1) Renan, *L'Antéchrist*, p. 130.

puissance politique, l'industrie et la richesse, l'habileté technique et la productivité artistique, l'intelligence, enfin, et la science.

Tandis que la Grèce végète appauvrie, humiliée, épuisée, que l'Italie se dépeuple et ne suffit plus à sa propre subsistance, que les autres provinces d'Europe sortent à peine de la barbarie, l'Asie Mineure, l'Égypte, la Syrie recueillent les moissons opulentes que leur assure la paix romaine. Leurs métropoles industrieuses cultivent et renouvellent toutes les traditions qui ont fait leur grandeur passée. A l'activité économique de ces grands pays manufacturiers et exportateurs correspond une vie intellectuelle plus intense. Ils excellent dans toutes les professions, hormis celle de soldat, et leur supériorité éclate même aux yeux prévenus des Romains. Le mirage d'un empire oriental hanta l'imagination des premiers maîtres du monde. Ce fut, semble-t-il, la pensée directrice de César dictateur; le triumvir Antoine faillit la réaliser, et Néron songeait encore à transporter sa capitale à Alexandrie. Si Rome, appuyée sur la force de son armée et sur le droit qu'elle constitua, garda longtemps l'autorité politique, elle subit fatalement l'ascendant moral de peuples plus avancés qu'elle. A cet égard, l'histoire de l'Empire, durant les trois premiers siècles de notre ère, se résume en une « pénétration pacifique » de l'Occident par l'Orient.

Cette vérité est devenue plus manifeste à mesure qu'on a étudié avec plus de détail les divers éléments de la civilisation romaine et, avant que nous abordions le sujet spécial qui fera l'objet de ces études, on nous permettra de remettre en lumière quelques aspects d'une lente métamorphose dont la propagation des cultes orientaux est un phénomène particulier.

Tout d'abord, l'imitation de l'Orient est manifeste dans les institutions politiques. Il suffit pour s'en convaincre de comparer ce qu'était le gouvernement de l'Empire à l'avènement d'Auguste avec ce qu'il est devenu sous Dioclétien. Au début du principat, Rome règne sur le monde, mais elle ne l'administre pas. Elle réduit au minimum le nombre de ses fonctionnaires; ses provinces, agrégats inorganisés des villes, où elle se borne à faire la police, sont des pays de protectorat plutôt que des pays annexés. Pourvu que la sécurité y soit maintenue, pourvu que ses citoyens, fonctionnaires ou marchands, puissent y faire leurs affaires, le reste ne lui importe guère. Elle s'épargne le soin d'assurer les services publics en laissant une large autonomie aux cités préexistantes à sa domination ou constituées à son image. Les impôts sont levés par des syndicats de banquiers ; les terres publiques, affermées à des entrepreneurs moyennant une redevance ; l'armée elle-même, avant les réformes d'Auguste, n'est pas une force organique permanente : elle se compose, en théorie, de troupes levées en vue d'une campagne et licenciées après la victoire.

Les institutions de Rome sont restées celles d'une ville : elles ne s'appliquent qu'avec peine au vaste territoire qu'elles prétendent régir. C'est une machine très grossière et qui ne fonctionne que par à-coups, un système rudimentaire, qui ne pouvait se maintenir et qui ne se maintint pas.

Que trouvons-nous trois siècles plus tard ? Un État fortement centralisé, où un souverain absolu, adoré comme une divinité, entouré d'une cour nombreuse, commande à toute une hiérarchie de fonctionnaires ; des villes dépouillées de leurs libertés locales au profit d'une bureaucratie toute-puissante, et la vieille capitale elle-même dépossédée avant les autres de son autonomie et soumise à des préfets. En dehors des cités, le monarque, dont la fortune privée se confond avec les finances de l'État, est propriétaire d'immenses domaines, régis par des intendants et sur lesquels vit une population de colons attachés à la glèbe. L'armée est composée en grande partie de mercenaires étrangers, soldats de carrière, recevant, comme solde ou comme prime, des terres sur lesquelles ils vivent. Tous ces traits, bien d'autres encore, rapprochent l'Empire romain des anciennes monarchies orientales.

Et qu'on ne dise pas que les mêmes causes ont produit les mêmes effets, et qu'une similitude ne suffit pas en histoire à prouver une influence. Ce principe n'est point ici applicable, car partout où nous pouvons suivre de près les transformations successives d'une institution particulière, nous saisissons l'action de l'Orient et spécialement de l'Égypte. Rome, devenue comme Alexandrie une grande métropole cosmopolite, fut réorganisée par Auguste, à l'instar de la capitale des Ptolémées. Les réformes fiscales des Césars, comme les impôts sur les ventes et les successions, l'établissement d'un cadastre et l'introduction de la perception directe, s'inspirèrent du système financier très perfectionné des Lagides, et l'administration de ceux-ci est, on peut l'affirmer, la source première dont est dérivée par l'intermédiaire des Romains celle de l'Europe moderne. Les *saltus* impériaux, cultivés par des métayers réduits à la condition de serfs et soumis à un procurateur, furent constitués à l'imitation de ceux que les potentats asiatiques avaient autrefois fait exploiter par leurs agents. Il serait aisé d'allonger cette série d'exemples. La monarchie absolue à la fois théocratique et bureaucratique, telle que l'avaient connue à l'époque alexandrine l'Égypte, la Syrie et même l'Asie Mineure, fut l'idéal suivant lequel les Césars divinisés modelèrent peu à peu l'Etat romain.

Rome, on ne saurait lui dénier cette gloire, a élaboré un droit privé, logiquement déduit de principes clairement formulés et destiné à devenir la loi fondamentale de toutes les sociétés civilisées. Mais même sur ce domaine du droit, où l'originalité de Rome est incontestée et sa primauté souveraine, des recherches récentes ont mis en lumière avec quelle ténacité l'Orient hellénisé maintint ses vieilles règles juridiques, quelle résistance les coutumes locales, qui sont comme la trame de la vie des nations, opposèrent à l'unification, qui ne fut jamais réalisée qu'en théorie. Bien plus, elles ont prouvé que les principes féconds de ce droit provincial, qui l'emporte parfois en valeur morale sur celui des Romains, avaient réagi sur la transformation progressive du vieux *ius civile*. Et comment en serait-il autrement ? Un grand nombre de juristes des plus célèbres n'étaient-ils pas originaires de Syrie : Ulpien de Tyr, Papinien d'Hémèse, sans doute ? Et l'école de Béryte ne grandit-elle pas constamment en importance depuis le IIIe siècle, jusqu'à devenir au Ve le foyer le plus brillant des études juridiques ? Des Levantins viennent ainsi exploiter même le champ patrimonial défriché par les Scævolas et les Labéons.

Dans le temple austère du Droit, l'Orient n'occupe encore qu'une position subalterne; ailleurs, son autorité est prédominante. L'esprit pratique des Romains, qui fit d'eux d'excellents juristes, les empêcha d'être des savants profonds. Ils estimaient médiocrement la science pure, pour laquelle ils étaient médiocrement doués, et l'on remarque qu'elle cessa d'être sérieusement cultivée partout où s'établit leur domination directe. Les grands astronomes, les grands mathématiciens, les grands médecins sont en majorité des Orientaux, comme les grands créateurs ou défenseurs de systèmes métaphysiques. Ptolémée et Plotin sont des Égyptiens, Porphyre et Jamblique des Syriens, Dioscoride et Galien des Asiates. Aussi l'esprit de l'Orient pénètre-t-il toutes les études. Les chimères de l'astrologie et de la magie se font accepter des meilleurs esprits. La philosophie prétend de plus en plus s'inspirer de la sagesse fabuleuse de la Chaldée ou de l'Égypte. La raison, lasse de chercher la vérité, abdique et croit la trouver dans une révélation primitive, conservée dans les mystères des barbares. La logique de la Grèce s'ingénie à coordonner en un ensemble harmonieux les traditions confuses des sacerdoces asiatiques.

Aussi bien que la science, les lettres sont cultivées surtout par des Orientaux. On l'a souvent fait observer, les littérateurs qui, sous l'Empire, passent pour les plus purs représentants de l'esprit grec, appartiennent presque tous à l'Asie Mineure, à la Syrie ou à l'Égypte. Le rhéteur Dion Chrysostome est originaire de Pruse, en Bithynie; le satirique Lucien, de Samosate en Commagène, à la frontière de l'Euphrate. On pourrait énumérer une foule d'autres noms. Depuis Tacite et Suétone jusqu'à Ammien Marcellin, il ne se trouve plus un seul écrivain de talent pour conserver en latin le souvenir des événements qui agitent alors le monde, mais c'est encore un Bithynien, Dion Cassius de Nicée, qui, à l'époque des Sévères, racontera l'histoire du peuple romain.

Fait caractéristique, à côté de cette littérature d'expression grecque, d'autres naissent ou renaissent et se développent. Le syriaque, fils de l'araméen, qui avait été sous les Achéménides la langue internationale de l'Asie antérieure, redevient avec Bardesane d'Edesse celle d'une race cultivée. Les Coptes se souviennent qu'ils parlent des dialectes dérivés de l'ancien égyptien et s'attachent à les revivifier. Au nord du Taurus, les Arméniens eux-mêmes se mettent à écrire et à polir leur parler barbare. La prédication chrétienne, qui s'adresse au peuple, s'empare des idiomes populaires et les réveille de leur longue léthargie. Sur les bords du Nil, comme dans les plaines de la Mésopotamie ou dans les hautes vallées de l'Anatolie, elle annoncera des pensées nouvelles en des patois jusqu'alors méprisés, et le vieil Orient, partout où l'hellénisme ne l'a pas entièrement dénationalisé, revendiquera avec succès son autonomie intellectuelle.

A ce réveil linguistique correspond une renaissance de l'art indigène. Dans aucun ordre d'idées, l'illusion dont nous parlions tantôt n'a été plus complète et plus prolongée. On vivait encore, il y a peu d'années, dans la persuasion qu'un art « impérial » s'était formé à Rome au temps d'Auguste, puis avait étendu peu à peu sa prédominance jusqu'à la périphérie du monde ancien. Si, en Asie, il avait subi quelques modifications spéciales, elles étaient dues à des influences exotiques, sans doute assyriennes ou persanes. Même les belles découvertes du Marquis de Vogüé dans la Syrie centrale n'avaient pu démontrer l'inanité d'une théorie qui était soutenue par notre conviction altière de la préséance de l'Europe.

Il apparaît aujourd'hui manifestement que Rome a donné aux Orientaux beaucoup moins qu'elle n'a reçu d'eux. Fécondée sous l'étreinte de l'hellénisme, l'Asie a produit dans les royaumes des Diadoques une puissante lignée d'œuvres originales. Les vieux procédés dont la découverte remonte jusqu'aux Chaldéens, aux Hittites ou aux sujets des Pharaons, furent d'abord utilisés par les conquérants de l'empire d'Alexandre, qui imaginèrent une riche variété de types nouveaux et en composèrent un style original. Mais si, durant les trois siècles qui précèdent notre ère, la Grèce dominatrice joue le rôle du démiurge qui, avec une matière préexistante, crée des êtres vivants, durant les trois siècles suivants sa productivité s'épuise, sa puissance d'invention s'affaiblit, les anciennes traditions locales réagissent contre son empire et en triomphent avec le christianisme. Transportées à Byzance, elles s'y épanouissent en une floraison nouvelle et se propagent jusqu'en Europe, où elles préparent la formation de l'art roman du haut moyen âge.

Loin donc que Rome ait ici fait sentir sa suzeraineté, elle est tributaire de l'Orient. Celui-ci lui est supérieur par la précision et l'étendue de ses connaissances techniques, comme par son génie inventif et l'habileté de ses artisans. Les Césars ont été de grands bâtisseurs, mais souvent en se servant de mains étrangères. Le principal architecte de Trajan, constructeur fastueux, est un Syrien, Apollodore de Damas.

Ses sujets du Levant n'apprennent pas seulement à l'Italie la solution élégante de problèmes architectoniques, comme celui de poser une coupole sur un édifice rectangulaire ou octogonal, ils lui font accepter leurs goûts et la pénètrent de leur génie. Ils lui communiquent leur amour de la décoration luxuriante et de la polychromie violente; ils imposent à la plastique et à la peinture religieuses ce symbolisme compliqué où se plaît leur esprit abstrus et subtil.

L'art dans l'antiquité est étroitement uni à l'industrie, toute manuelle et individuelle. Ils s'instruisent l'un l'autre, se perfectionnent et déclinent en même temps, sont en un mot inséparables. Faut-il appeler artisans ou artistes ces peintres qui ont décoré dans le goût alexandrin et peut-être syrien les murs de Pompéi d'une architecture fantastique et aérienne ? les orfèvres, alexandrins aussi, qui ont ciselé autour des phiales et des gobelets de Boscoreale ces feuillages légers, ces animaux pittoresques, ces groupes d'une élégance harmonieuse ou d'une verve narquoise ? Ainsi, en descendant peu à peu des productions des arts industriels à celles de l'industrie même, on pourrait y constater pareillement l'influence grandissante de l'Orient; on pourrait faire voir comment l'action des grands centres manufacturiers du Levant transforma progressivement la civilisation matérielle de l'Europe; on pourrait montrer comment, jusque dans notre Gaule, l'introduction des modèles et des procédés exotiques renouvela la vieille technique indigène et donna à ses produits une perfection et une diffusion jusqu'alors inconnues. Mais je craindrais d'insister trop longuement sur un sujet si éloigné en apparence de celui qui doit nous occuper ici.

Il importait, cependant, de l'établir en commençant, de quelque côté que l'érudition contemporaine poursuive ses investigations, toujours elle constate une lente substitution de la culture asiatique à celle de l'Italie. Celle-ci ne se développe qu'en s'assimilant des éléments empruntés aux réserves inépuisables des « vieilles civilisations » dont nous parlions au début. L'Orient hellénisé s'impose partout par ses hommes et par ses œuvres; il soumet ses vainqueurs latins à son ascendant, comme plus tard il le fera subir aux conquérants arabes et deviendra le civilisateur de l'Islam. Mais dans aucun ordre d'idées, son action sous l'Empire n'a été aussi décisive que dans la religion, puisqu'elle a finalement provoqué la destruction radicale du paganisme gréco-latin.

L'invasion des cultes barbares fut si apparente, si bruyante, si victorieuse, qu'elle ne pouvait passer inaperçue. Elle attira l'attention inquiète ou sympathique des auteurs anciens, et, depuis la Renaissance, les érudits modernes s'y sont souvent intéressés. Seulement, peut-être n'ont-ils pas suffisamment compris que cette évolution religieuse n'est pas un phénomène isolé et extraordinaire, mais qu'elle accompagne et favorise une évolution plus générale, comme elle est favorisée par elle. La transformation des croyances fut intimement liée à l'institution de la monarchie de droit divin, au développement de l'art, aux tendances de la philosophie, à toutes les manifestations de la pensée, du sentiment et du goût.

C'est ce mouvement religieux, aux répercussions si nombreuses et si lointaines, que nous voudrions tenter d'esquisser ici. Nous essayerons de montrer d'abord quelles causes ont provoqué la diffusion des cultes orientaux. Nous examinerons ensuite en particulier ceux qui, successivement, se sont introduits et propagés d'Asie Mineure, d'Egypte, de Syrie et de Perse, et nous nous efforcerons de distinguer leurs caractères propres et d'apprécier leur valeur. Nous verrons, enfin, comment ils ont transformé l'ancienne idolâtrie et quelle forme avait prise celle-ci au moment de sa lutte suprême contre le christianisme, dont les mystères asiatiques, tout en s'opposant à lui, favorisèrent l'avènement.

Mais, avant d'aborder ce sujet, une première question se pose. L'étude dont nous venons d'esquisser le plan est-elle possible ? De quels secours disposons-nous pour l'entreprendre ? A quelles sources puisons-nous notre connaissance des religions orientales répandues dans l'Empire romain ?

Il faut le reconnaître, ces sources sont insuffisantes et ont été encore insuffisamment exploitées.

Dans le grand naufrage de la littérature antique, aucune perte peut-être n'a été plus désastreuse que celle des livres liturgiques du paganisme. Quelques formules mystiques citées incidemment par les écrivains païens ou chrétiens, quelques morceaux, la plupart mutilés, d'hymnes en l'honneur des dieux sont à peu près tout ce qui a échappé à la destruction. Pour nous faire une idée de ce que pouvaient être les rituels perdus, nous devons recourir aux imitations qu'en font les chœurs des tragédies, aux parodies que les comiques se sont parfois permises, ou rechercher dans les recueils de magie les plagiats que peuvent avoir commis les rédacteurs d'incantations. Mais tout ce travail ne nous fait entrevoir qu'un pâle reflet des cérémonies du culte. Profanes relégués à la porte du sanctuaire, nous n'entendons que des échos indistincts des chants sacrés, et nous ne pouvons assister, même en esprit, à la célébration des mystères.

Nous ignorons presque comment les anciens priaient, nous ne pénétrons pas dans l'intimité de leur vie religieuse, et certaines profondeurs de l'âme antique nous restent ainsi inconnues. Si une heureuse fortune nous rendait quelque livre sacré de la fin du paganisme, les révélations qu'il apporterait étonneraient le monde. Nous verrions se dérouler sous nos yeux ces drames mystérieux, dont les actes symboliques commémoraient la passion des dieux; nous pourrions avec les fidèles compatir à leurs souffrances, nous lamenter sur leur mort, participer à l'allégresse de leur retour à la vie. On trouverait à la fois, dans ces vastes recueils, des rites archaïques qui perpétuaient obscurément le souvenir de croyances abolies, des formules traditionnelles conçues dans une langue vieillie et qu'on comprenait à peine, toutes les oraisons naïves imaginées par la foi des premiers âges, sanctifiées par la dévotion des siècles écoulés et comme ennoblies par toutes les joies et les douleurs des générations passées. On y lirait en même temps ces hymnes où la réflexion philosophique se traduisait en allégories somptueuses ou s'humiliait devant la toute-puissance de l'infini, poèmes dont certaines effusions des stoïciens célébrant le Feu créateur et destructeur, ou s'abandonnant tout entiers à la Fatalité divine, peuvent seules aujourd'hui nous donner quelque idée.

Mais tout cela a disparu ou à peu près, et nous avons perdu ainsi la possibilité d'étudier, d'après des documents authentiques, le développement interne des cultes païens.

Nous ressentirions moins vivement cette perte si nous possédions du moins les ouvrages que les mythographes grecs et latins avaient consacrés aux divinités étrangères, tels les livres étendus qu'au IIe et IIIe siècles Pallas et Eubulus avaient publiés sur les mystères de Mithra. Mais ces œuvres parurent dénuées d'intérêt ou même dangereuses à la dévotion du moyen âge, et elles ne doivent guère avoir survécu à la chute du paganisme. Les traités de mythologie qui nous sont conservés ne s'occupent presque jamais que des anciennes fables helléniques, illustrées par les auteurs classiques, et ils négligent les cultes de l'Orient.

En général, nous ne trouvons sur ce sujet dans la littérature que des mentions incidentes, des allusions rapides. Les historiens sont à cet égard d'une incroyable pauvreté. Cette pénurie de renseignements a pour cause d'abord l'étroitesse de vues qui, dans l'antiquité et spécialement sous l'Empire, caractérise le genre de rhétorique qu'ils cultivent. La politique et les guerres du souverain, les drames, les intrigues, les commérages même de la cour et du monde officiel attirent bien plus leur attention que les grandes transformations économiques ou religieuses, toujours difficiles à saisir pour des contemporains. De plus, il n'est aucune période de l'Empire romain sur laquelle nous soyons aussi mal informés que sur le IIIe siècle, qui précisément est celui où les cultes orientaux parvinrent à l'apogée de leur puissance. Depuis Hérodien et Dion Cassius jusqu'aux Byzantins, et de Suétone à Ammien Marcellin, tous les récits de quelque valeur ont péri, et cette déplorable lacune dans la tradition historique est particulièrement fatale aux études sur le paganisme.

Chose étrange, la littérature légère s'occupe davantage de ces graves questions. Les rites des cultes exotiques ont excité la verve des satiriques, et la pompe de leurs fêtes a fourni aux romanciers la matière de descriptions brillantes. Juvénal raille les mortifications des dévotes d'Isis; Lucien, dans sa *Nécyomancie*, parodie les purifications interminables des mages, et Apulée, dans les *Métamorphoses*, nous a retracé, avec la ferveur d'un néophyte et la recherche d'un rhéteur, les scènes d'une initiation isiaque. Mais, en général, on ne trouve chez les littérateurs que des remarques incidentes, des observations superficielles. Même le précieux traité « Sur la déesse syrienne », où Lucien nous raconte une visite au temple d'Hiérapolis et rapporte les récits que lui ont faits les prêtres, n'a rien de pénétrant : il relate ce qu'a vu en passant un voyageur intelligent, amusé et ironique.

Pour atteindre une initiation plus parfaite et obtenir une révélation moins incomplète des doctrines enseignées dans les cultes orientaux, il nous faut recourir à des témoignages inspirés par des tendances opposées, mais également suspects : ceux des philosophes et ceux des Pères de l'Eglise. Les stoïciens et les platoniciens se sont souvent intéressés aux croyances religieuses des barbares, et ils nous ont conservé sur ce sujet des données d'une haute valeur. Le traité de Plutarque sur Isis et Osiris est une source dont l'importance est appréciée même par les égyptologues, et il les aide à reconstituer la légende de ces divinités. Mais les philosophes n'exposent presque jamais les doctrines étrangères objectivement et pour elles-mêmes. Ils les font rentrer dans leurs systèmes, auxquels elles doivent servir de preuve ou d'illustration; ils les entourent d'une exégèse personnelle, ou les noient dans des commentaires transcendants; ils prétendent, en un mot, y découvrir toute leur propre pensée. Il est toujours difficile et parfois impossible de distinguer les dogmes qu'ils rapportent des interprétations qu'ils en proposent avec assurance et qui sont généralement aussi éloignées que possible de la vérité

C'est d'autres erreurs qu'il faut se garder en lisant les écrivains ecclésiastiques, infiniment utiles malgré leur parti pris. Par une curieuse ironie des choses, seuls parfois ces controversistes nous aident à faire revivre aujourd'hui une idolâtrie qu'ils prétendaient anéantir. Toutefois, ils ne nous fournissent pas des renseignements aussi abondants qu'on pourrait le supposer, si l'on songe que les cultes orientaux ont été les adversaires les plus dangereux et les plus tenaces du christianisme. La cause n'en est pas seulement que les Pères mettent souvent une sorte de pudeur à parler de l'idôlatrie et affectent de ne rappeler qu'en termes voilés ses monstruosités, mais, en outre, l'apologétique du IVe siècle, comme nous le verrons, retarde souvent sur l'évolution des doctrines, et puisant dans la tradition littéraire, chez des épicuriens et les sceptiques, elle combat surtout les croyances de l'ancienne religion grecque et italique, qui étaient abolies ou se mouraient, et néglige les dévotions encore bien vivantes du monde contemporain.

Néanmoins, certains de ces polémistes ont dirigé leurs attaques contre les divinités de l'Orient et leurs sectateurs latins, soit qu'ils aient été instruits par des convertis, soit qu'ils aient été eux-mêmes païens dans leur jeunesse : c'est le cas pour Firmicus Maternus, qui, après avoir écrit un mauvais traité d'astrologie, finit par combattre l'« Erreur des religions profanes ». Toutefois, on doit toujours se demander jusqu'à quel point ils ont pu connaître des doctrines ésotériques et des cérémonies rituelles dont le secret était scrupuleusement gardé. Ils se vantent trop bruyamment d'en pouvoir dévoiler toutes les abominations pour ne pas encourir le soupçon d'avoir souffert dans leur curiosité de la discrétion des initiés. Ils étaient, de plus, disposés à accueillir toutes les calomnies par où l'on s'efforça de discréditer les mystères païens, comme on les lança contre les sectes occultes de toutes les époques et contre les chrétiens eux-mêmes.

En somme, la tradition littéraire est peu abondante et souvent peu digne de créance. Relativement considérable pour les cultes égyptiens, parce qu'ils ont été accueillis dans le monde grec dès l'époque des Ptolémées et que les lettres et les sciences furent toujours cultivées à Alexandrie, elle est déjà moins importante pour la Phrygie, bien que Cybèle ait été de bonne heure hellénisée et latinisée, et, à part l'opuscule de Lucien sur la déesse d'Hiérapolis, elle est presque nulle pour les cultes syriens, cappadociens et perses.

L'insuffisance des données fournies par les écrivains rend plus précieux les renseignements que nous apportent les documents épigraphiques et archéologiques, dont le nombre va sans cesse grandissant. Tout d'abord, les inscriptions offrent ces qualités de sûreté et de précision qui manquent souvent aux phrases des littérateurs. On en peut tirer des conclusions importantes sur la date de la propagation et de la disparition des divers cultes, sur leur aire d'extension, sur la qualité et le rang social de leurs sectateurs, sur la hiérarchie sacrée et le personnel sacerdotal, sur la constitution des communautés de fidèles, sur les offrandes faites aux dieux et sur les cérémonies accomplies en leur honneur, en un mot sur l'histoire séculière et profane de ces religions et, dans une certaine mesure, sur leur rituel. Mais la concision du style lapidaire, la répétition constante de formules stéréotypées rendent forcément ce genre de textes peu explicite et parfois énigmatique. Il est telle dédicace, comme le *Nama Sebesio* gravé sur le grand bas-relief mithriaque du Louvre, à propos de laquelle on a multiplié les dissertations sans parvenir à l'expliquer. En outre, d'une façon générale, l'épigraphie ne nous donne que peu d'indications sur la liturgie et presque aucune sur les doctrines.

L'archéologie doit s'efforcer de combler les lacunes énormes que laisse la tradition écrite ; ce sont surtout les monuments artistiques qui, jusqu'ici, n'ont été ni recueillis avec assez de soin, ni interprétés avec assez de méthode. En étudiant la disposition des temples et le mobilier religieux qui les garnissait, on peut arriver du même coup à déterminer une partie des cérémonies liturgiques dont ils étaient le théâtre. D'autre part, l'interprétation critique des représentations figurées permet de reconstituer avec une certitude suffisante certaines légendes sacrées et de retrouver en même temps une partie de la théologie des mystères. L'art religieux de la fin du paganisme ne cherche pas, comme celui de la Grèce, ou ne cherche qu'accessoirement, à élever les âmes par la contemplation d'un idéal de beauté divine. Il veut avant tout édifier en instruisant, fidèle en ceci aux traditions de l'ancien Orient. Il raconte par des cycles de tableaux l'histoire des dieux et du monde, ou bien il exprime par des symboles les conceptions subtiles de la théologie, ou même certaines doctrines de la science profane, comme celle de la lutte des quatre éléments. Ainsi que plus tard au moyen âge, les artistes de l'Empire, interprètes de la pensée du clergé, donnèrent aux fidèles un enseignement par l'image et rendirent sensibles aux intelligences les plus humbles ses doctrines les plus élevées. Mais pour déchiffrer ce livre mystique, dont les pages sont dispersées dans nos musées, nous devons en chercher péniblement la clef, et nous ne pouvons pas, comme en parcourant les merveilleuses encyclopédies figurées dans nos cathédrales gothiques, prendre pour guide et pour exégète quelque Vincent de Beauvais de l'époque de Dioclétien. Notre situation est souvent comparable à celle où se trouverait un érudit de l'an 4000, qui écrirait le récit de la Passion d'après les tableaux d'un « Chemin de la Croix », ou étudierait le culte des saints d'après les statues retrouvées dans les ruines de nos églises.

Seulement, les résultats de toutes ces investigations laborieusement poursuivies dans les pays classiques peuvent, pour les cultes orientaux, être indirectement contrôlés, et c'est là un précieux avantage. Nous connaissons passablement aujourd'hui les vieilles religions pratiquées en Egypte, en Babylonie et en Perse. On lit et l'on traduit avec sûreté les hiéroglyphes des bords du Nil, les tablettes cunéiformes de la Mésopotamie et les livres sacrés, zends ou pehlvis, du parsisme. Leur déchiffrement a profité à l'histoire religieuse plus encore peut-être qu'à celle de la politique ou de la civilisation. En Syrie aussi, les découvertes d'inscriptions araméennes et phéniciennes, les fouilles pratiquées dans les temples ont suppléé dans une certaine mesure à l'insuffisance des renseignements fournis par la Bible ou par les auteurs grecs sur le paganisme sémitique. Même l'Asie Mineure, j'entends le plateau d'Anatolie, commence à s'ouvrir aux explorations bien qu'ici presque tous les grands sanctuaires, Pessinonte, les deux Comane, Castabala, soient encore ensevelis sous les décombres. Nous pouvons donc déjà nous rendre un compte assez exact de ce qu'était la foi de certains des pays d'où les mystères orientaux sont arrivés aux Romains. A la vérité, ces recherches ne sont pas encore assez avancées pour qu'on puisse établir avec précision quelle forme la religion avait prise dans ces diverses contrées, au moment où elles entrèrent en contact avec l'Italie, et l'on s'exposerait à d'étranges méprises en rapprochant des pratiques que des milliers d'années peuvent séparer. Ce sera la tâche de l'avenir d'établir ici une chronologie rigoureuse, de déterminer à quelle phase ultime avait abouti l'évolution des croyances dans toutes les régions du Levant vers le commencement de notre ère et de les rattacher alors, sans solution de continuité, aux mystères pratiqués dans le monde latin et dont les recherches archéologiques pénètrent peu à peu les secrets.

Nous sommes encore loin de pouvoir souder solidement tous les anneaux de cette longue chaîne; les orientalistes et les philologues classiques ne peuvent encore se tendre la main par-dessus la Méditerranée. Nous ne soulevons qu'un coin du voile d'Isis, et nous devinons à peine une partie des vérités qui, même autrefois, n'étaient révélées qu'à une élite pieuse. Néanmoins, nous sommes parvenus aujourd'hui, sur la voie de la certitude, à un sommet d'où l'on domine déjà le vaste champ que défricheront nos successeurs. Je voudrais, dans le cours de ces conférences, tenter de résumer les résultats essentiels auxquels est arrivée l'érudition du XXe siècle et en tirer quelques conclusions qui, peut-être, seront provisoires. L'invasion des cultes orientaux, qui détruisit l'ancien idéal religieux et national des Romains, transforma aussi profondément la société et le gouvernement de l'Empire, et, à ce titre, elle mériterait l'attention de l'historien, même si elle n'avait pas présagé et préparé la victoire finale du christianisme.

II

POURQUOI LES CULTES ORIENTAUX SE SONT PROPAGÉS

Lorsqu'au IVe siècle, l'Empire, affaibli, se scinda en deux moitiés, comme une balance surchargée dont se briserait le fléau, ce divorce politique ne fit que consacrer une séparation morale depuis longtemps accomplie. L'opposition entre le monde gréco-oriental et le monde latin se manifeste en particulier dans leurs religions et dans l'action que le pouvoir central exerça à cet égard sur l'un et sur l'autre.

Le paganisme était sous l'Empire presque exclusivement latin en Occident. Après l'annexion de l'Espagne, de la Gaule, de la Bretagne, les vieux cultes ibériques, celtiques ou autres furent incapables de soutenir une lutte inégale contre la religion plus avancée des vainqueurs. On a souvent signalé la merveilleuse rapidité avec laquelle la littérature des conquérants, qui étaient aussi des civilisateurs, se fit accepter des peuples soumis. Son influence se fit sentir dans les temples comme au forum, et elle transforma les prières adressées aux dieux comme les discours qu'échangeaient les hommes. Généraliser l'adoption des divinités de Rome fit d'ailleurs partie du programme politique des Césars, et le gouvernement imposa à ses nouveaux sujets les règles de son droit sacerdotal aussi bien que les principes de son droit public et de son droit civil : les lois municipales ordonnent d'élire des pontifes et des augures en même temps que des duovirs justiciers. En Gaule, le druidisme périt avec les longs poèmes où il développait ses traditions orales, et il disparut, non pas tant à cause des mesures de police prises contre lui que par suite d'un abandon volontaire des Celtes, dès qu'ils subirent l'ascendant de la culture latine. Ici, comme en Espagne, les vieux cultes autochtones ne sont plus guère pratiqués que par de petites gens et ne gardent quelque prestige qu'auprès des campagnards attardés et dans les cantons écartés. En Afrique même, où la religion punique était beaucoup plus puissante, elle ne se maintint qu'en prenant une apparence toute romaine : Baal devint un Saturne et Eshmoun un Esculape. Au moment où l'idolâtrie disparut, il n'est point certain que, sur toute l'étendue des préfectures d'Italie et des Gaules, il subsistât un temple où les cérémonies fussent célébrées selon les rites indigènes et dans un patois local. C'est même avant tout à cette prédominance exclusive du latin que celui-ci a dû de rester la seule langue liturgique de l'Eglise d'Occident, qui, en cette matière comme en beaucoup d'autres, a perpétué, en s'y conformant, une situation préexistante et maintenu une unité établie avant elle. En imposant sa manière de s'exprimer aux Irlandais et aux Germains, Rome, devenue chrétienne, ne fit que poursuivre l'œuvre d'assimilation que, païenne, elle avait accomplie dans les provinces encore barbares soumises à son influence.

Au contraire, aujourd'hui encore, en Orient, les églises séparées de l'orthodoxie grecque emploient une variété d'idiomes qui rappelle la diversité profonde des races soumises autrefois à Rome. Alors aussi, vingt parlers divers traduisaient la pensée religieuse des peuples réunis sous la domination des Césars. L'hellénisme, au commencement de notre ère, n'avait encore conquis ni le plateau d'Anatolie, ni les campagnes de la Syrie, ni les nomes de l'Egypte. L'annexion à l'Empire favorisa, plutôt qu'elle n'énerva, la force d'expansion de la civilisation grecque par la fondation systématiquement poursuivie de nouveaux centres urbains; sauf autour des camps des légions qui gardaient la frontière et dans quelques colonies très clairsemées, elle n'y substitua pas une culture latine. Mais Rome ne détruisit jamais le particularisme régional, et les cultes indigènes, notamment, conservèrent tout leur prestige et toute leur indépendance. Dans leurs antiques sanctuaires, qui comptaient parmi les plus riches et les plus célèbres du monde, un clergé puissant continua à pratiquer, suivant des rites et souvent dans une langue barbare, ses dévotions ancestrales. La liturgie traditionnelle, partout observée avec un respect scrupuleux, resta, suivant les contrées, égyptienne ou sémitique, phrygienne ou perse. Ni le droit pontifical de Rome, ni sa science augurale ne jouirent jamais d'aucun crédit en dehors du monde latin. Il est caractéristique que le seul culte officiel dont les pouvoirs publics aient, sur toute l'étendue de l'Empire, exigé la pratique comme une preuve de loyalisme, celui des empereurs divinisés, soit né d'abord spontanément en Asie, qu'il s'inspire des plus pures traditions monarchiques et fasse revivre, dans ses formes et dans son esprit, celui que les sujets des Diadoques rendaient précédemment à leurs souverains.

Non seulement les dieux de l'Egypte et de l'Asie ne se laissèrent jamais évincer, comme ceux de la Gaule ou de l'Espagne, mais bientôt ils franchirent les mers et vinrent conquérir des adorateurs dans toutes les provinces latines. Isis et Sérapis, Cybèle et Attis, les Baals syriens, Sabazius et Mithra furent honorés par des confréries de fidèles jusqu'aux extrémités de la Bretagne et de la Germanie. La réaction orientale que l'on constate depuis le début de notre ère, lorsqu'on étudie l'histoire de l'art, de la littérature ou de la philosophie, se manifeste dans la sphère religieuse avec une puissance incomparablement supérieure. C'est d'abord une infiltration lente de cultes exotiques encore méprisés, puis à la fin du Ier siècle, pour parler comme Juvénal, l'Oronte — et aussi le Nil et l'Halys — se déversent dans le Tibre, à la grande indignation des vieux Romains. Enfin, cent ans plus tard, se produit un débordement de croyances et de conceptions égyptiennes, sémitiques, iraniennes qui faillit submerger tout ce qu'avait laborieusement édifié le génie grec et romain. Quelles raisons ont provoqué, quelles circonstances ont permis ce bouleversement spirituel dont l'aboutissement ultime est le triomphe du christianisme, et pourquoi est-ce sur le terrain religieux que l'action de l'Orient se manifeste avec le plus de force ? Telles sont les questions qui sollicitent tout d'abord notre attention.

Comme tous les grands phénomènes de l'histoire, celui-ci fut déterminé par des actions multiples qui concoururent à le produire. Dans la quantité des faits particuliers, en partie inconnus, qui le provoquèrent, on peut cependant dégager et l'on a dégagé certaines causes maîtresses, certains facteurs, qui ont, tour à tour, été considérés comme essentiels.

Si, cédant à une tendance qui entraîne aujourd'hui beaucoup d'excellents esprits, nous voulions considérer toute l'histoire comme la résultante de forces économiques et sociales, il serait aisé de montrer leur action dans ce grand mouvement religieux. La prépondérance industrielle et commerciale de l'Orient est manifeste ; c'est là que se trouvent les principaux centres de production et d'exportation. (p. 13). Le trafic de plus en plus actif avec le Levant entraîne l'établissement en Italie, en Gaule, dans les pays danubiens, en Afrique, en Espagne, de marchands qui, dans certaines villes, forment de véritables agglomérations. Les émigrés syriens sont particulièrement nombreux. Souples, déliés, diligents, ils s'introduisent partout où ils ont l'espoir de faire quelque profit, et leurs colonies, disséminées jusqu'au nord de la Gaule, servent de point d'appui à la propagande religieuse du paganisme, comme les communautés juives de la Diaspora à la prédication chrétienne. L'Italie n'achète pas seulement en Egypte le blé nécessaire à sa consommation, elle importe aussi des hommes; pour cultiver ses campagnes dépeuplées, elle fait venir des esclaves de Phrygie, de Cappadoce et de Syrie; pour remplir les fonctions domestiques dans ses palais, elle a recours à des Syriens encore ou des Égyptiens. Qui dira l'influence que les femmes de chambre venues d'Antioche ou d'Alexandrie ont acquise sur l'esprit de leur maîtresse ? En même temps, les nécessités de la défense et de la guerre font passer officiers et soldats de la frontière de l'Euphrate aux bords du Rhin ou à la lisière du Sahara, et partout ils restent fidèles aux dieux de leur patrie lointaine. Les besoins de l'administration transportent les fonctionnaires et leurs commis, qui sont souvent de naissance servile, dans les provinces les plus excentriques. Enfin, la facilité des communications, accrue par la construction de routes commodes, augmente le nombre et l'étendue des voyages.

Ainsi se multipliaient nécessairement les échanges de produits, d'hommes et d'idées, et l'on pourrait soutenir que la théocrasie fut une conséquence nécessaire du mélange des races, que les dieux du Levant suivirent les grands courants commerciaux et sociaux et que leur établissement en Occident fut la conséquence naturelle du mouvement qui entraînait vers les pays peu peuplés l'excès d'habitants des cités et des campagnes asiatiques.

Assurément, ces considérations, qui pourraient être longuement développées, font comprendre par quelles voies se sont propagées les religions orientales. Il est certain que les marchands leur ont servi de missionnaires dans les ports et les places de commerce, les soldats aux frontières et dans la capitale, les esclaves dans les maisons urbaines, sur les domaines ruraux et dans les administrations publiques; mais nous n'apprenons ainsi à connaître que les moyens, les agents de la diffusion de ces cultes, non les causes de leur adoption par les Romains. Nous apercevons le comment, non le pourquoi de leur expansion soudaine. Surtout nous ne comprenons qu'imparfaitement les motifs de la différence que nous signalions plus haut entre l'Orient et l'Occident.

Un exemple précisera ma pensée. Une divinité celtique, Épona, était, on le sait, particulièrement honorée comme protectrice des chevaux. Les cavaliers gaulois transportèrent son culte partout où ils étaient cantonnés; on a retrouvé de ses monuments depuis l'Écosse jusqu'en Transylvanie. Et cependant, bien que cette déesse se trouvât dans les mêmes conditions que, par exemple, le Jupiter *Dolichenus* introduit en Europe par les cohortes de Commagène, on ne voit pas qu'elle ait obtenu les hommages d'étrangers nombreux; on ne voit pas surtout que le druidisme ait pris la forme de mystères d'Épona où se soient fait initier des Grecs et des Romains. Il lui manquait pour faire des prosélytes la valeur intrinsèque des cultes orientaux.

D'autres historiens ou penseurs préfèrent aujourd'hui appliquer aux phénomènes religieux les lois des sciences naturelles, et les théories sur la variation des espèces trouvent ici une application imprévue. L'immigration des Orientaux et en particulier des Syriens aurait été assez considérable, on l'a soutenu, pour provoquer une altération et une dégénérescence rapides des robustes races italiques et celtiques. Concurremment, un état social contraire à la nature, un régime politique néfaste amenaient la disparition des plus fortes énergies, l'extermination des meilleurs et l'ascension des pires éléments de la population. Cette foule abâtardie par des croisements délétères, énervée par une sélection à rebours, devient incapable de s'opposer à l'invasion des chimères et des aberrations de l'Asie. L'abaissement du niveau intellectuel, l'oblitération de l'esprit critique accompagnent la décadence des mœurs et l'affaissement des caractères. Dans l'évolution du paganisme, le triomphe de l'Orient marque une régression vers la barbarie, un retour aux origines lointaines de la croyance, à l'adoration des forces de la nature. Voilà, résumés en deux mots, certains systèmes, récemment proposés, qui ont été accueillis avec quelque faveur.

On ne saurait le nier, dans la décadence romaine, les âmes semblent être devenues plus épaisses et les mœurs plus grossières; cette société, dans son ensemble, manque déplorablement d'imagination, d'esprit et de goût. Elle paraît atteinte d'une sorte d'anémie cérébrale et frappée d'une incurable sénilité, où la raison, affaiblie, accepte, avec les superstitions les plus absurdes, l'ascétisme le plus exalté, la théurgie la plus extravagante. Elle ressemble à un organisme incapable de se défendre contre la contagion. Tout cela est vrai partiellement; néanmoins, ces théories que nous résumions procèdent d'une vue inexacte des choses; elles s'inspirent en réalité de cette vieille illusion que l'Asie, sous l'Empire, était inférieure à l'Europe. Si le triomphe des cultes orientaux prend parfois les apparences d'un réveil de la sauvagerie, en réalité, dans l'évolution des formes religieuses, ces cultes représentent un type plus avancé que les anciennes dévotions nationales. Ils sont moins primitifs, moins simples, munis, si j'ose dire, de plus d'organes que la vieille idolâtrie gréco-italique. C'est ce que nous indiquions déjà tout à l'heure et ce qui ressortira clairement, nous l'espérons, de la suite de ces études.

Une grande conquête religieuse — faut-il l'affirmer ? — s'explique seulement par des causes morales. Quelque part qu'il faille y faire, comme dans tout phénomène social, à l'instinct d'imitation et à la contagion de l'exemple, on aboutit toujours, en définitive, à une série de conversions individuelles. L'adhésion mystérieuse des esprits est due aussi bien à la réflexion qu'à l'action prolongée et presque inconsciente d'aspirations confuses, qui provoquent la foi. La gestation obscure d'un idéal nouveau s'accomplit dans les angoisses, et des luttes intenses durent agiter l'âme des multitudes, quand elles furent arrachées à leurs vieux cultes ancestraux ou plus souvent à l'indifférence par ces dieux exigeants qui demandaient à leurs fidèles un dévouement de toute leur personne, une *dévotion*, au sens étymologique du mot. La consécration à Isis du héros d'Apulée est vraiment le résultat d'une vocation, d'un appel de la déesse, qui veut que le néophyte s'enrôle dans sa milice sacrée. Le galle qui, cédant à une exaltation frénétique, sacrifie sur les autels sa virilité, se consacre à Cybèle par cette mutilation sanglante et sera désormais son esclave, et l'on voit apparaître dans le clergé phrygien des « religieux », qui se sont voués entièrement au divin ministère.

Si toute conversion suppose une crise psychologique, une transformation de la personnalité intime des individus, ceci est vrai surtout de la propagation des religions orientales. Nées en dehors des limites étroites de la cité romaine, elles grandirent souvent en hostilité avec elle, et elles furent internationales — par suite individuelles. Le lien qui rattachait autrefois la dévotion à la ville ou à la tribu, à la *gens* ou à la famille, est rompu. Aux antiques groupements se substituent des communautés d'initiés qui, tous, d'où qu'ils viennent, se considèrent comme frères. Un dieu, conçu comme universel, y accueille tous les mortels comme ses enfants. Quand ces cultes ont des relations avec l'État, ils ne sont plus appelés à soutenir de vieilles institutions municipales ou sociales, mais l'autorité d'un monarque regardé, image terrestre de la divinité, comme le maître éternel du monde. Parmi les mystes, on trouve des Asiatiques confondus avec des Romains, des esclaves à côté de hauts fonctionnaires. L'adoption de la même foi y faisait du pauvre affranchi l'égal, parfois le supérieur, du décurion et du « clarissime ». Tous se soumettaient aux mêmes règles, tous participaient aux mêmes fêtes, où s'effaçaient les distinctions d'une société aristocratique et les différences du sang et de la patrie. Il n'y a plus ici de race ou de nationalité, plus de magistrats ou de pères de famille, plus de patricien ou de plébéien, plus de citoyen ou de pérégrin, il n'y a plus que des hommes, et, pour recruter des adeptes, il est nécessaire que ces cultes agissent sur l'homme et sur ses facultés.

Il fallait donc bien pour conquérir, comme ils le firent, non seulement les masses populaires, mais, durant plus d'un siècle, l'élite de la société romaine, que les mystères barbares possédassent une puissante force d'attraction, que leur contenu répondît aux besoins profonds des âmes, qu'on leur reconnût enfin une valeur supérieure à celle de l'ancien culte gréco-romain. Aussi, pour nous rendre compte des motifs de leur victoire, faut-il essayer de montrer ce qui faisait cette supériorité, j'entends leur supériorité dans les luttes qu'ils eurent à soutenir, sans prétendre la juger au point de vue absolu.

On peut, je pense, la définir en disant que ces religions satisfaisaient davantage en premier lieu les sens et le sentiment, secondement l'intelligence, enfin et surtout la conscience.

Tout d'abord, elles agissent plus fortement sur les sens. C'est là leur côté le plus apparent et qui a été le plus souvent mis en lumière. Il n'a peut-être jamais existé aucune religion aussi froide, aussi prosaïque que celle des Romains. Subordonnée à la politique, elle cherche avant tout, par la stricte exécution de pratiques appropriées, à assurer à l'Etat la protection des dieux ou à détourner les effets de leur malveillance. Elle a conclu avec les puissances célestes un contrat synallagmatique, d'où découlent des obligations réciproques : sacrifices d'une part, faveurs de l'autre. Ses pontifes, qui sont aussi des magistrats, ont réglé les manifestations du culte avec une précision exacte de juristes; ses prières, pour autant que nous les connaissions, sont tout en formules, sèches et verbeuses comme un acte notarié. Sa liturgie procédurière rappelle par la minutie de ses prescriptions l'ancien droit civil. Cette religion se défie des abandons de l'âme et des élans de la dévotion; elle réfrène, au besoin par la force, les manifestations trop vives d'une foi trop ardente, tout ce qui s'écarte de cette dignité grave qui convient aux rapports d'un *civis Romanus* avec un dieu. Les Juifs ont partagé avec les Romains le respect scrupuleux d'un code religieux et des formules du passé, « mais le légalisme des pharisiens, malgré la sécheresse de leurs minutieuses pratiques, faisait vibrer le cœur plus que le formalisme romain ». (1)

Les religions orientales, qui ne s'imposent pas avec l'autorité reconnue d'une religion officielle, doivent, pour s'attirer des prosélytes, émouvoir les sentiments de l'individu. Elles le séduisent d'abord par l'attrait troublant de leurs mystères où, tour à tour, l'on provoque l'effroi et l'on éveille l'espérance; elles l'éblouissent par la pompe de leurs fêtes et l'éclat de leurs processions; elles le charment par leurs chants langoureux et leur musique enivrante; mais surtout elles enseignent les moyens d'atteindre cet état bienheureux où l'âme, délivrée de la sujétion du corps et affran-

---

(1) Réville, *La Religion sous les Sévères*, p. 44.

chie de la douleur, se perd dans le ravissement. Elles provoquent l'extase, soit par la tension nerveuse qui résulte de macérations prolongées et d'une contemplation fervente, soit par des moyens plus matériels, comme, chez les galles de la Grande Mère, par l'éréthisme de danses vertigineuses et d'une musique étourdissante, ou même par l'absorption de liqueurs fermentées après une longue abstinence. Dans le mysticisme, on glisse facilement du sublime à la dépravation.

Les dieux, auxquels les fidèles croyaient s'unir dans leurs élans mystiques, étaient eux-mêmes plus humains et parfois plus sensuels que ceux de l'Occident. A ceux-ci appartient cette quiétude de l'âme dont la morale philosophique des Grecs fait un privilège du sage; ils jouissent dans la sérénité de l'Olympe d'une perpétuelle jeunesse; ce sont les Immortels. Les divinités de l'Orient, au contraire, souffrent et meurent pour revivre ensuite. Comme les humains, Osiris, Attis, Adonis sont pleurés par une épouse ou une amante, qu'elle s'appelle Isis, Cybèle ou Salambo. Avec elles, les mystes, dans leurs offices funèbres, se lamentent sur leur dieu défunt, puis, lorsqu'il est revivifié, célèbrent avec exultation sa naissance à une vie nouvelle. Ou bien ils s'associent à la passion de Mithra, condamné à créer le monde dans la douleur. Cet accablement et cette allégresse partagés s'expriment souvent, avec une violence sauvage, par des mutilations sanglantes, de longs gémissements de désespoir, des acclamations désordonnées. Ainsi se manifestait le fanatisme exalté de ces populations barbares que n'avait pas effleuré le scepticisme grec, et l'ardeur même de leur foi enflammait les âmes des foules accourues vers les dieux exotiques.

Donc, les religions de l'Orient font vibrer toutes les cordes de la sensibilité et apaisent la soif d'émotions religieuses que l'austère culte romain n'a pas réussi à étancher. Mais en même temps — c'est le second point que je voudrais mettre en lumière — elles donnent une satisfaction plus complète à l'intelligence.

De très bonne heure, la Grèce — et Rome fut ici son élève — devint résolument rationaliste : c'est là, sa grande originalité. La philosophie y est purement laïque; la pensée n'y subit le frein d'aucune tradition sacrée, elle prétend, au contraire, les juger toutes pour les condamner ou les approuver. Parfois hostile, parfois indifférente, parfois conciliante, elle reste toujours indépendante de la croyance. Si elle peut ainsi se libérer des entraves d'une mythologie surannée et édifier librement et hardiment ces systèmes métaphysiques par lesquels elle prétend résoudre les énigmes de l'univers, d'autre part sa religion, qui cesse d'être alimentée par la forte nourriture de la réflexion, s'anémie et s'étiole. Elle devient une chose vide de sens dont on ne comprend plus le pourquoi, qui est l'expression d'idées disparues, et correspond à une conception dépassée du monde. Elle tend de plus en plus, en Grèce comme à Rome, à se réduire à un ensemble de rites inintelligibles qu'on reproduit scrupuleusement, machinalement, sans aucune addition, ni omission, parce qu'ils ont été pratiqués ainsi par des ancêtres lointains; de formules et de gestes consacrés par le *mos maiorum*, mais auxquels les esprits n'entendent et les âmes ne répondent plus rien. Jamais peuple d'une culture aussi avancée n'eut religion moins intellectuelle que celle des Romains.

Au contraire, les civilisations orientales sont des civilisations sacerdotales. Comme dans l'Europe du moyen âge, en Asie et en Égypte, les savants sont des clercs. Dans les temples, on ne raisonne pas seulement sur la nature des dieux et de l'homme, on étudie les mathématiques, l'astronomie, la médecine, la philologie et l'histoire. Bérose est un prêtre de Babylone et Manéthon d'Héliopolis. Du temps de Strabon, leurs successeurs passent encore pour profondément versés dans toutes les disciplines de l'intelligence.

Cet état de choses put être nuisible au progrès des sciences. Les recherches y furent conduites d'après des idées préconçues et faussées par des préoccupations étrangères. L'astrologie et la magie furent les produits tératologiques d'une alliance hybride. Mais la religion acquit certainement par là une puissance qu'elle ne posséda jamais ni en Grèce ni à Rome.

Toutes les recherches de l'observation, toutes les conquêtes de la pensée furent mises à profit par un clergé érudit pour atteindre le principal objet de ses préoccupations, les problèmes de la destinée de l'homme et du monde, des relations du ciel et de la terre. Une conception constamment élargie de l'univers transforma sans cesse les modalités de la croyance. La foi prétendit s'asservir aussi bien la physique que la métaphysique. L'honneur de toutes les découvertes fut rapporté aux dieux : Tôt en Égypte et Bêl en Chaldée sont les révélateurs non seulement de la théologie et du rituel, mais de tout le savoir humain. On ne connaît pas les noms des Hipparques et des Euclides orientaux qui les premiers ont résolu les problèmes de l'astronomie et de la géométrie; mais toute une littérature confuse et disparate se réclame de l'autorité d'Hermès Trismégiste : les doctrines sur les sphères planétaires ou l'opposition des quatre éléments y concourent à étayer des systèmes d'anthropologie ou de morale; les théorèmes de l'astronomie y servent à constituer une prétendue méthode de divination; des formules d'incantation, qui doivent assujettir au magicien des puissances divines, s'y combinent avec des expériences de chimie et des recettes médicales.

Cette union intime de l'érudition et de la foi persiste dans le monde latin. La théologie tend de plus en plus à se réduire à la déification des principes ou agents reconnus par la science de l'époque, à l'adoration du Temps, regardé comme Cause première à celle des Astres, dont le cours détermine les événements de ce monde, des quatre Eléments, dont les combinaisons infinies produisent tous les phénomènes naturels, et surtout du Soleil, qui entretient la chaleur, la fécondité et la vie. La dogmatique des mystères de Mithra est, à certains égards, une expression religieuse de la physique et de l'astronomie romaines : dans toutes les formes du panthéisme, la connaissance de la Nature paraît inséparable de celle de Dieu. L'art lui-même, nous l'avons vu (p. 25), obéit de plus en plus à la tendance d'exprimer par un symbolisme subtil des idées savantes, et il représente par des figures allégoriques les relations des puissances divines ou des forces cosmiques, comme le Ciel, la Terre, l'Océan, les Planètes, les Constellations, les Vents et les Saisons. Les sculpteurs gravent dans la pierre tout ce qu'on pense et l'on enseigne. D'une manière générale, on reste convaincu de ce principe que la rédemption et le salut dépendent de la révélation de certaines vérités, de la connaissance des dieux, du monde et de notre personne, et la piété devient une gnose.

Mais, dira-t-on, la philosophie, elle aussi, dans l'antiquité, prétend conduire par l'instruction à la moralité et faire connaître à l'homme le souverain bien. Pourquoi céda-t-elle devant des cultes orientaux, qui n'étaient en réalité, ni originaux, ni novateurs ? De fait, si une puissante école rationaliste, en possession d'une bonne méthode critique avait régné sur les esprits, elle eût fait échec, on peut le croire, aux progrès des mystères barbares, ou du moins elle eût limité leur champ d'action, car, même dans la Grèce ancienne, on l'a fait souvent observer, la critique philosophique eut fort peu de prise sur la religion populaire, qui resta héréditairement attachée à ses formes superstitieuses. Seulement au IIe siècle, tant d'esprits partageaient le scepticisme d'un Lucien à l'égard des systèmes dogmatiques! Depuis si longtemps les sectes se disputaient sans qu'aucune pût convaincre les autres d'erreur! L'ironiste de Samosate se plaît à opposer leurs prétentions exclusives et à se reposer sur le « mol oreiller du doute ». Mais, seuls, les intellectuels peuvent se complaire au doute ou s'y résigner; les foules veulent des certitudes. Or, rien ne venait alors ranimer la confiance dans le pouvoir d'une science vieillie et désabusée. Aucune grande découverte ne renouvelait la conception de l'univers. La nature ne livrait plus ses secrets, la terre restait inexplorée et le passé impénétrable. On désapprenait toutes les disciplines : le monde ne savait plus que se répéter et, frappé de stérilité, il avait le sentiment poignant de sa déchéance et de son impuissance. Les esprits, lassés de recherches infructueuses, s'abandonnaient au besoin de croire. Puisque la raison n'était pas capable de formuler une règle sûre de vie, la foi seule pouvait la donner, et les multitudes accoururent vers ces temples où l'on révélait peu à peu toutes les vérités apprises autrefois aux hommes par les dieux de l'Orient. L'attachement constant des générations passées à des croyances et à des rites d'une antiquité infinie semblait garantir leur exactitude et leur efficacité. Le courant fut si puissant que la philosophie elle-même fut emportée vers le mysticisme et que l'école néo-platonicienne finit dans la théurgie.

Les mystères orientaux savent donc remuer les âmes en excitant tour à tour l'admiration et la terreur, la pitié et l'enthousiasme; ils donnent à l'intelligence l'illusion d'une profondeur savante et d'une certitude absolue; enfin — c'est le troisième point qui nous reste à examiner — en même temps que le sentiment et la raison, ils satisfont la conscience. Parmi les causes complexes qui ont assuré leur domination, celle-ci fut sans doute la plus efficace.

Les Romains, très différents des Grecs à cet égard, ont, à toutes les époques de leur histoire, jugé les théories et les institutions surtout d'après leurs résultats pratiques. Ils ont toujours eu pour les idéologues un mépris d'hommes de guerre et d'hommes d'affaires. On l'a souvent fait observer, la philosophie dans le monde latin se détourne des spéculations métaphysiques pour concentrer toute son attention sur la morale. De même, plus tard, l'Eglise romaine laissera aux Hellènes subtils les controverses interminables sur l'essence du Logos divin ou sur la double nature du Christ. Les questions qui la passionnent et qui la divisent sont celles qui ont une application directe à la conduite de la vie, comme la doctrine de la Grâce.

La vieille religion des Romains devait nécessairement aussi répondre à cette exigence de leur génie. Sa pauvreté était honnête. Sa mythologie ne possédait pas le charme poétique de celle de la Grèce, ses dieux n'avaient pas la beauté impérissable des Olympiens, mais ils étaient plus moraux, ou du moins ils prétendaient l'être. Un bon nombre d'entre eux étaient même de simples qualités personnifiées, comme la Pudicité ou la Piété. Tous ils imposaient aux hommes — avec l'aide des censeurs — la pratique des vertus nationales, c'est-à-dire utiles à la société : la tempérance, le courage, la chasteté, l'obéissance aux parents et aux magistrats, le respect du serment et des lois, toutes les formes du patriotisme. Sans doute en les servant exactement, on attendait d'eux des bienfaits tangibles plutôt que des bénédictions spirituelles, mais l'accomplissement rigoureux des rites inculquait fortement l'idée d'un devoir envers la divinité, corrélatif du devoir envers la cité. Au dernier siècle de la République, le pontife Scævola, un des hommes les plus considérables de son temps, rejetait comme futiles les divinités de la fable et des poètes, comme superflues ou nuisibles celles des philosophes et des exégètes, pour réserver toutes ses préférences à celle des hommes d'Etat, les seules qu'il convînt de faire connaître au peuple. Celles-ci étaient, en effet, les protectrices des vieilles mœurs, des vieilles traditions et même souvent des vieux privilèges. Mais le conservatisme, au milieu du flux perpétuel des choses, porte toujours en lui-même un germe de mort. De même que le droit s'efforça en vain de maintenir dans leur intégrité les antiques principes, comme la puissance absolue du père de famille, qui ne répondaient plus aux réalités sociales, de même la religion vit sombrer une éthique contraire à des règles morales qui, peu à peu, s'étaient affirmées. Ainsi, l'idée archaïque de la responsabilité collective était impliquée par une quantité de croyances : si une vestale viole son vœu de chasteté, la divinité envoie une peste qui ne cesse que le jour où la coupable a été punie. Parfois le ciel irrité n'accorde la victoire à l'armée que si un général ou un soldat, se vouant aux dieux infernaux, s'offre comme victime expiatoire. Cependant, la conviction s'était lentement fait jour, sous l'influence des philosophes et aussi des juristes, que chacun n'est responsable que de ses propres fautes et qu'il n'est pas équitable qu'une ville pâtisse du crime d'un seul. On n'admettait plus que les dieux confondissent dans un même châtiment les bons et les méchants; l'on trouvait souvent leur colère ridicule dans ses manifestations comme dans ses causes. Les superstitions rustiques des campagnes du Latium se maintenaient dans le code pontifical du peuple romain. S'il naissait un agneau à deux têtes ou un poulain à cinq pattes, des supplications solennelles devaient être ordonnées pour détourner les malheurs que présageaient ces prodiges effrayants.

Ainsi, toutes les croyances puériles et monstrueuses dont la religion des Latins était encombrée, avaient jeté sur elle le discrédit. Sa morale ne répondait plus à la conception nouvelle qu'on se faisait de la justice. Généralement, Rome a remédié à l'indigence de sa théologie et de son culte en empruntant aux Grecs ce qui lui manquait. Mais ici ce secours l'abandonnait, car la religion des Hellènes, poétique, artistique, intellectuelle même, n'était que très médiocrement morale, et les fables d'une mythologie raillée par les philosophes, parodiée au théâtre et mise en vers par des poètes libertins, n'étaient rien moins qu'édifiantes. Les théologiens qui en prenaient la défense devaient recourir à un symbolisme dépourvu de toute vraisemblance historique.

De plus — et ceci était une seconde cause de faiblesse pour elle — la morale rudimentaire que l'on exigeait d'un homme pieux était dépourvue de sanction. On ne croyait plus que les dieux intervinssent à tout instant dans les affaires des hommes pour révéler les crimes cachés et punir le vice triomphant, que Jupiter lançât sa foudre pour frapper les parjures. A l'époque des proscriptions et des guerres civiles, sous le règne d'un Caligula, d'un Néron, il était trop manifeste que le pouvoir et les jouissances appartenaient au plus fort, au plus habile ou simplement au plus heureux, et non pas au plus sage, ni au plus dévot. On ne croyait guère davantage aux récompenses et aux châtiments d'outre-tombe. Les notions sur la vie future étaient imprécises, flottantes, contradictoires. Les vieilles fables sur le Tartare et les Champs-Elysées ne trouvaient plus aucun crédit. Chacun connaît le passage célèbre de Juvénal (1) : « Qu'il y ait des mânes, un royaume souterrain, un nocher armé d'une perche et des grenouilles noires dans les gouffres du Styx; que tant de milliers d'hommes puissent traverser l'onde dans une seule barque, c'est ce que ne croient plus même les enfants. » Même toute survie consciente de l'âme après le décès était généralement regardée comme douteuse. Certains, avec les Épicuriens, la niaient absolument; pour la plupart, c'était une hypothèse

---

(1) Juvénal, II, 149 ss.

consolante, une espérance vague, non une conviction arrêtée.

Dès la fin de la République, l'indifférence se répandait de plus en plus; les temples étaient délaissés et menaçaient ruine; le clergé avait peine à se recruter; les fêtes autrefois populaires tombaient en désuétude, et Varron, au début de ses *Antiquités*, exprimait la crainte que « les dieux ne périssent, non pas sous les coups d'ennemis étrangers, mais par la négligence même des citoyens » (1). Auguste, on le sait, s'efforça de revivifier cette religion moribonde, moins par dévotion que par politique. Ses réformes religieuses furent en corrélation étroite avec sa législation morale et avec la fondation du principat. Elles tendirent à ramener le peuple à la pratique pieuse des vertus antiques, mais aussi à l'attacher à l'ordre nouveau des choses. L'attente anxieuse d'un sauveur du monde, née dans l'angoisse des guerres civiles, favorisa une dévotion nouvelle envers le prince pacificateur et bienfaiteur de l'*orbis Romanus*. De ce moment date en Europe l'alliance du trône et de l'autel.

Dans son ensemble cette tentative de

---

(1) Aug., *Civ. Dei*, VI, 2.

rénovation échoua. Faire de la religion l'auxiliaire de la police des mœurs n'est pas le meilleur moyen d'assurer son empire sur les âmes. Le respect extérieur pour les dieux officiels se concilie souvent avec un scepticisme pratique absolu. Néanmoins, la restauration essayée par Auguste est très caractéristique : elle cherche à subvenir à ce besoin de l'esprit romain qui, par tempérament et par tradition, voulait que la religion servît de soutien à la morale et à l'Etat.

A ces exigences, les cultes asiatiques vont donner satisfaction. Le changement de régime malgré qu'on en eût, entraînait un changement de religion. A mesure que le césarisme se transforma en une monarchie absolue, il s'appuya davantage sur les clergés orientaux. Ces prêtres, fidèles aux traditions des Achéménides et des Pharaons, prêchaient des doctrines qui tendaient à élever les souverains au-dessus de l'humanité, et ils apportaient aux empereurs une justification dogmatique de leur despotisme. Aussi remarque-t-on que les empereurs qui proclamèrent le plus haut leurs prétentions autocratiques, un Domitien, un Commode, furent aussi ceux qui favorisèrent le plus ouvertement les dévotions étrangères.

Mais cet appui intéressé ne fit guère que consacrer une puissance déjà conquise. La propagande des cultes orientaux fut primitivement démocratique, parfois même (c'est le cas pour celui d'Isis) révolutionnaire. Ils gagnèrent de proche en proche, de bas en haut, et ce n'est pas au zèle des fonctionnaires qu'ils firent d'abord appel, mais à la conscience populaire.

A la vérité, ces cultes, sauf celui de Mithra, paraissent, à première vue, beaucoup moins austères que celui des Romains. On y trouve, nous aurons l'occasion de le constater, des fables grossières et impudiques, des rites atroces ou abjects. Les dieux de l'Égypte furent chassés de Rome par Auguste et par Tibère comme immoraux; mais ils l'étaient surtout aux yeux du pouvoir, parce qu'ils se trouvaient en opposition avec une certaine conception de l'ordre social. S'ils se préoccupaient médiocrement de l'intérêt public, ils donnaient d'autant plus d'importance à la vie intérieure et, par suite, de valeur à la personne humaine. Les prêtres orientaux apportaient notamment en Italie deux choses nouvelles : des moyens mystérieux de purification par lesquels ils prétendaient effacer les souillures de l'âme, et l'assurance qu'une immortalité bienheureuse serait la récompense de la piété.

En premier lieu, ces religions prétendent faire retrouver aux âmes leur pureté perdue, et cela de deux façons, soit par des cérémonies rituelles, soit par des mortifications et des pénitences. D'abord elles connaissent une série d'ablutions et de lustrations qui sont censées rendre au myste son innocence première. Ou bien il devra se laver avec l'eau consacrée suivant certaines formes prescrites — c'est, en réalité, un rite magique, la propreté du corps agissant par sympathie sur l'esprit intérieur, une véritable désinfection spirituelle — ou bien, comme les merveilleuses qualités des onguents aromatiques préservent les corps de la corruption, des onctions garantiront l'initié contre toute pollution et lui communiqueront un surcroît de force intime — ou bien encore il s'aspergera du sang ou absorbera le sang soit d'une victime égorgée, soit des prêtres eux-mêmes, et ici intervient l'idée que la liqueur qui coule dans nos veines est un principe vivifiant, capable de communiquer une existence nouvelle. Ces rites, en effet, et d'autres analogues, usités dans les mystères, avaient, croyait-on, pour effet de régénérer le néophyte, de le faire renaître à une vie immaculée et incorruptible.

La purgation de l'âme ne s'obtient pas seulement par des actes liturgiques; on y parvient aussi par le renoncement et la souffrance. Le sens du mot *expiatio* a changé : l'expiation ne s'acquiert plus par l'accomplissement exact de certaines cérémonies agréables aux dieux, exigées par un code sacré, comme on impose une amende pour réparer un dommage, mais par une privation ou une douleur personnelles. L'abstinence, qui empêche des principes malfaisants de s'introduire en nous avec la nourriture; la continence, qui préserve l'homme de toute souillure et de toute débilité, sont devenues des moyens de se délivrer de la domination des puissances du mal et de rentrer en grâce avec le ciel. Les macérations, les pèlerinages pénibles, les confessions publiques, parfois des flagellations et des mutilations, toutes les formes de la pénitence et de la mortification relèvent le fidèle déchu et le rapprochent des dieux. En Phrygie, le pécheur inscrit sur une stèle, pour que nul n'en ignore, l'aveu de sa faute avec le châtiment qu'il a subi et rend grâces au ciel d'avoir accueilli son repentir et sa prière. Le Syrien, qui a offensé sa déesse en mangeant des poissons sacrés, s'assied sur la route, muni d'un simple sac, vêtu de haillons sordides, et clame humblement son méfait pour en obtenir le pardon. « Trois fois au cœur de l'hiver, dit Juvénal (1), la dévote d'Isis se plongera dans le Tibre glacé, et, tremblante de froid, elle se traînera autour du temple sur ses genoux ensanglantés ; elle ira, si la déesse l'ordonne, jusqu'aux confins de l'Egypte, puiser l'eau du Nil qu'elle répandra dans le sanctuaire. » Nous voyons ici s'introduire en Europe l'ascétisme oriental.

Mais dès lors, s'il y a dans ce monde des actes impies et des passions impures, qui contaminent et profanent les âmes, si celles-ci ne peuvent se débarrasser de cette infection que par certaines expiations prescrites par les dieux, il faut que la profondeur de la déchéance soit appréciée, ainsi que la qualité des pénitences nécessaires. C'est au clergé qu'il appratient de juger les fautes et d'imposer les réparations. Le sacerdoce prend ici un tout autre caractère qu'à Rome. Le prêtre n'est plus seulement le gardien des traditions sacrées, l'intermédiaire entre l'homme ou l'État

(1) Juvénal, VI, 52 ss.

et les dieux, mais un directeur de conscience. Il enseignera à ses ouailles la longue série d'obligations et de restrictions qui doivent protéger sa fragilité contre les attaques des esprits maléfiques. Il saura apaiser les remords ou les scrupules et rendre au pécheur la quiétude spirituelle. Instruit dans la science sacrée, il possède le pouvoir de réconcilier avec les dieux. Des repas sacrés fréquemment renouvelés maintiennent la communion entre les mystes de Cybèle, de Mithra ou des Baals, tandis qu'un service quotidien ravivait sans cesse la foi des dévots d'Isis. Aussi, le clergé est-il absorbé tout entier par son ministère; il vit uniquement pour son temple et de son temple. Il ne constitue plus, comme les collèges sacerdotaux de Rome, où les fonctions séculières et religieuses ne sont pas encore nettement différenciées, des commissions administratives réglant les affaires sacrées de l'État sous la surveillance du Sénat; il forme une caste presque recluse que ses insignes, son habit, sa tonsure, ses mœurs, sa nourriture distinguent du commun des mortels, un corps indépendant avec sa hiérarchie, son protocole et même ses conciles. Ses membres ne retournent pas comme citoyens à leurs devoirs civiques ou, comme magistrats, à la direction des affaires publiques, ainsi que le faisaient les anciens pontifes, lorsqu'ils avaient accompli le service solennel d'un jour de fête.

On saisira immédiatement combien ces croyances et ces institutions purent assurer fortement le pouvoir des cultes orientaux et de leurs prêtres. Leur action dut être puissante surtout à l'époque des Césars. Le relâchement des mœurs au commencement de notre ère a été souvent exagéré, mais il est réel. Beaucoup de symptômes malsains témoignent d'une profonde anarchie morale, où les hommes se débattaient, hésitants et débiles. A mesure qu'on descend vers la fin de l'Empire, les volontés semblent s'amollir et les tempéraments s'énerver. On trouve de moins en moins cette robuste santé de caractères qui, incapables d'une aberration durable, n'éprouvent pas le besoin d'être guidés et réconfortés; on voit se répandre ce sentiment de déchéance et de fragilité qui suit les égarements de la passion; la même faiblesse, qui a conduit au crime, pousse à en chercher l'absolution dans les pratiques extérieures de l'ascétisme, et l'on vient aux prêtres des cultes orientaux, comme aux médecins de l'âme, demander des remèdes spirituels.

La sainteté qu'on se flattait d'obtenir par l'exact accomplissement des rites était la condition de la félicité après la mort. Tous les mystères barbares eurent la prétention de révéler à leurs initiés le secret de parvenir à une immortalité bienheureuse. La participation aux cérémonies occultes de la secte est avant tout un moyen de faire son salut. Les croyances sur la vie d'outre-tombe, si vagues, si désolantes dans l'ancien paganisme, se transforment en l'espoir assuré d'une forme précise de béatitude.

Chaque soir, les astres s'abîment sous l'horizon pour réapparaître le matin à l'orient; chaque mois, une nouvelle lune succède à celle dont la lumière s'est éteinte; chaque année, au solstice, le soleil « invincible » renaît à une vigueur nouvelle après avoir amorti ses feux; chaque hiver aussi, la végétation se flétrit pour refleurir au printemps. Ainsi les divinités de la nature — Osiris, Attis, Adonis — ressuscitent après avoir succombé, et les divinités sidérales recouvrent leur splendeur après avoir été accablées par les puissances des ténèbres. Leur carrière est un triomphe perpétuel sur la mort. De même le myste qui, grâce à l'initiation, est égalé aux dieux, acquiert ainsi le pouvoir de maîtriser l'implacable meurtrière du genre humain. Les élus, semblables à des athlètes victorieux, ceignent la « couronne de vie » immarcescible.

Cette conception naturiste et dualiste du salut se combinait dans les mystères avec une doctrine plus scientifique, celle du fatalisme, que l'astrologie orientale imposa au monde antique. La mort est pour l'homme la nécessité la plus inexorable et la plus amère. *Fatum* désigne souvent le terme inéluctable de l'existence et cette fin, que les devins pouvaient prédire, mais non retarder, devait, selon la loi de notre espèce, atteindre l'âme comme le corps : une « seconde mort » achevait l'œuvre de la première, qui livrait le cadavre à la corruption; le principe de vie qui avait cessé d'animer l'organisme ne lui survivait que peu de temps pour être ensuite anéanti à son tour. Mais les puissances célestes, échappant à l'empire du Destin, qui ne s'exerce que sur notre monde sublunaire, ont aussi le pouvoir d'y soustraire leurs fidèles. Par la vertu des rites, les âmes pieuses sont « exemptées du sort de la mort » (1). Quittant cette terre qu'op-

(1) C. I. L. VI 1779, l. 22 : *Sorte mortis eximens*.

prime la Fatalité, elles s'élèvent, affranchies de leur servitude, au-dessus des sphères étoilées.

Cette foi en une survivance personnelle de l'âme et même du corps répondait à un instinct profond de la nature humaine, celui de la conservation, mais la situation sociale et morale de l'Empire à son déclin lui communiqua une puissance qu'elle ne possédait point auparavant. Au IIIe siècle, le malheur des temps cause tant de souffrances ; il y a, durant cette période tourmentée et violente, tant de ruines imméritées, tant de crimes impunis qu'on se réfugie dans l'attente d'une existence meilleure où toutes les iniquités de ce monde seront réparées. Aucun espoir terrestre n'illuminait alors la vie. La tyrannie d'une bureaucratie corrompue étouffait toute velléité de progrès politique. Les sciences, immobilisées, ne révélaient plus de vérités inconnues. L'art, frappé de stérilité, reproduisait lourdement les créations du passé. Un appauvrissement progressif décourageait tout esprit d'entreprise. L'idée se répandait que l'humanité était atteinte d'une irrémédiable décadence, que la nature s'acheminait vers sa dissolution et que la fin du monde était proche. Il faut se rappeler toutes ces causes de découragement et d'abandon pour comprendre l'empire de cette idée, si souvent exprimée, qu'une amère nécessité contraint l'esprit qui anime l'homme à venir s'enfermer dans la matière, et que la mort est un affranchissement qui le délivre de sa prison charnelle. Dans la lourde atmosphère d'une époque d'oppression et d'impuissance, les âmes accablées aspiraient avec une ardeur indicible à s'échapper vers les espaces radieux du ciel.

Ainsi, pour nous résumer, les religions orientales, qui agissaient à la fois sur les sens, sur la raison et sur la conscience, prenaient l'homme tout entier. Elles offraient, semblait-il, en comparaison de celles du passé, plus de beauté dans leurs rites, plus de vérité dans leurs doctrines, un bien supérieur dans leur morale. Le cérémonial imposant de leurs fêtes, leurs offices tour à tour pompeux et sensuels, lugubres ou triomphants, séduisaient surtout la foule des simples et des humbles; la révélation progressive d'une antique sagesse, héritée du vieil et lointain Orient, retenait les esprits cultivés. Les émotions que provoquaient ces religions, les consolations qu'elles offraient attiraient principalement les femmes ;

les clergés d'Isis et de Cybèle trouvèrent en elles leurs adeptes les plus ferventes et les plus généreuses, leurs propagandistes les plus passionnées, tandis que Mithra groupait exclusivement autour de lui les hommes, auxquels il imposait une rude discipline morale. Toutes les âmes, enfin, étaient conquises par les promesses d'une purification spirituelle et les perspectives infinies d'une béatitude éternelle.

Le culte des dieux de Rome était un devoir civique, celui des dieux étrangers est l'expression d'une foi personnelle. Ceux-ci sont l'objet non pas d'une adoration traditionnelle et, en quelque sorte, administrative de la part de citoyens, mais des pensées, des sentiments, des aspirations intimes des individus. L'ancienne dévotion municipale était liée à une foule d'intérêts terrestres, qui lui servaient de soutien, comme elle leur prêtait son appui. Elle était une des formes de l'esprit de famille et du patriotisme, et elle assurait la prospérité des communautés humaines. Les mystères orientaux, qui tendent la volonté vers un but idéal et exaltent l'esprit intérieur, sont plus insoucieux de l'utilité sociale; mais ils savent provoquer cet ébranlement de l'être moral qui fait jaillir des profondeurs de l'inconscient des émotions plus fortes que tout raisonnement. Ils donnent, par une illumination soudaine, l'intuition d'une vie spirituelle dont l'intensité fait paraître fades et méprisables tous les bonheurs matériels. C'est cet appel vibrant à une existence surnaturelle, en ce monde et dans l'autre, qui rendit irrésistible la propagande de leurs prêtres. La même ardeur d'enthousiasme assurait concurremment, parmi les philosophes, la domination incontestée du néoplatonisme. L'antiquité périssait, une ère nouvelle était née.

III

L'ASIE MINEURE

Le premier culte oriental que les Romains adoptèrent fut celui de la grande déesse de Phrygie, adorée à Pessinonte et sur l'Ida, et qui prit en Occident le nom de *Magna Mater deum Idaea*. On peut étudier son histoire en Italie durant six siècles et suivre les transformations qui, de croyances naturalistes très primitives, firent peu à peu des mystères spiritualisés, qu'on tenta d'opposer au christianisme. Nous essayerons d'esquisser ici les phases successives de cette lente métamorphose.

On peut dire — c'est là une exception unique — que la première cause de la grandeur de ce culte dans le monde latin fut une circonstance fortuite. En l'an 205 avant J.-C., alors qu'Hannibal, vaincu mais toujours menaçant, se maintenait encore dans les montagnes du Bruttium, des pluies répétées de pierres effrayèrent le peuple romain. Les livres sibyllins, que, selon l'usage, on consulta officiellement sur ce prodige, promirent que l'ennemi serait chassé de l'Italie si la Grande Mère de l'Ida était amenée à Rome. Les Sibylles, prophétesses de malheurs que seules elles savaient détourner, étaient venues elles-mêmes d'Asie Mineure en Italie, et c'était une dévotion de leur première patrie que leur poème sacré recommandait dans ces conjonctures critiques. Déjà, d'ailleurs, la politique romaine s'immisçait dans les affaires d'Asie, et l'on put trouver expédient de s'assurer la protection de la grande divinité de ce pays. Grâce à l'amitié du roi Attale, l'aérolithe noir, qui passait pour être le siège de la déesse phrygienne, fut remis aux ambassadeurs du Sénat. Reçu à Ostie, conformément à l'ordre de l'oracle, par le meilleur citoyen de l'Etat — cet honneur échut à Scipion Nasica — il fut transporté par les matrones les plus respectables au milieu des acclamations de la foule et de la fumée de l'encens jusqu'au Palatin, où il fut solennellement installé dans le sanctuaire de la Victoire (nones d'avril 204). Cette entrée triomphale s'auréola plus tard de légendes merveilleuses, et les poètes se plurent à narrer les miracles édifiants qui avaient marqué la navigation de Cybèle. La même année, Scipion portait la guerre en Afrique, et Hannibal, forcé de l'y rejoindre, était vaincu à Zama. La prédiction de la Sibylle s'était réalisée : Rome était délivrée de la longue terreur punique. La divinité étrangère reçut des hommages proportionnés au service qu'elle avait rendu : on lui éleva un temple au sommet du Palatin, et des fêtes, accompagnées de jeux scéniques, les *ludi Megalenses*, commémorèrent chaque année la date de la dédicace du sanctuaire et celle de l'arrivée de la Grande Mère de l'Ida (4-10 avril). Les familles aristocratiques, qui vantaient leur origine troyenne, formèrent des associations placées sous le patronage de la protectrice de leur mère patrie.

Quel était donc ce culte asiatique qu'une circonstance extraordinaire venait ainsi de transporter brusquement au cœur de Rome ? Il avait déjà passé par un long développement, et des croyances d'origines diverses s'y étaient combinées. On y trouve d'abord des usages primitifs de la religion d'Anatolie, qui se sont perpétués en partie jusqu'à nos jours à travers le christianisme et l'islamisme. Comme les paysans Kizil-Bash actuels, les anciennes populations de la péninsule se réunissaient, pour célébrer leurs fêtes, sur le sommet de montagnes où croissaient des pins, que la cognée ne pouvait toucher : Cybèle siégeait, disait-on, sur les hautes cimes de l'Ida et du Bérécynthe, et le pin immarcescible resta toujours consacré à Attis, comme l'amandier prolifique et précoce. Ces campagnards révéraient, en même temps que les arbres, des pierres, rochers abrupts ou bétyles tombés du ciel, tel celui qui fut apporté de Pessinonte à Pergame et à Rome. Ils accordaient aussi leurs hommages à certains animaux, surtout au plus puissant d'entre eux, au lion, qui, peut-être, avait été autrefois le *totem* de tribus sauvages : le lion resta, dans le mythe et dans l'art, la monture ou l'attelage de la Grande Mère. Leur conception de la divinité était imprécise et impersonnelle : une déesse de la Terre, appelée Mâ ou Cybèle, était vénérée comme la mère féconde de toutes choses, la « maîtresse des fauves » qui peuplent la forêt ; à côté d'elle, un dieu, Attis ou Papas, était regardé comme son époux; mais, dans ce couple divin, la première place appartenait à la femme, souvenir d'une période lointaine où régnait le matriarcat.

Lorsque, à une date très reculée, les Phrygiens, venus de Thrace, s'introduisirent comme un coin au milieu des vieilles populations anatoliques, ils adoptèrent les vagues déités du pays, en les identifiant avec les leurs suivant le procédé habituel du paganisme. Attis fut ainsi assimilé au Dionysos-Sabazios des conquérants, ou du moins il lui emprunta certains traits de son caractère. Ce Dionysos thrace était un dieu de la végétation dont Paul Foucart (1) a dépeint admirablement la nature sauvage : « De tout temps, les hauts sommets boisés, les épaisses forêts de chênes et de pins, les antres tapissés de lierres sont restés son domaine préféré. Les mortels, soucieux de connaître la puissante divinité qui règne dans ces solitudes, n'avaient d'autre moyen que d'observer ce qui se passait dans son royaume, et de la deviner par les phénomènes où elle manifestait sa puissance. A voir les ruisseaux se précipiter en cascades écu-

---

(1) Foucart, *Le culte de Dionysos en Attique*, 1904, p. 22.

meuses et bruyantes, à entendre le mugissement des taureaux qui paissaient sur les hauts plateaux et les bruits étranges de la forêt battue par le vent, les Thraces s'imaginèrent reconnaître la voix et les appels du maître de cet empire; ils se figurèrent un dieu qui se plaisait, lui aussi, aux bonds désordonnés et aux courses folles à travers la montagne boisée. La religion s'inspira de cette conception : le plus sûr moyen pour les mortels de gagner les bonnes grâces de la divinité, c'est de l'imiter, et, dans la mesure du possible, de conformer leur vie à la sienne. Aussi, les Thraces s'efforcèrent-ils d'atteindre ce délire divin qui transportait leur Dionysos, et ils crurent y parvenir en suivant leur maître, invisible et présent, dans ses courses sur la montagne. »

Ces croyances, ces rites, à peine modifiés, se retrouvent dans le culte phrygien, avec cette différence qu'au lieu de vivre « dans un isolement farouche », le dieu de la végétation, Attis, est uni à la déesse de la Terre. Quand la tempête, sifflait dans les forêts du Bérécynthe ou de l'Ida, c'était Cybèle qui, traînée par des lions rugissants, parcourait le pays en se lamentant sur la mort de son amant. Le cortège de ses fidèles se précipitait à sa suite à travers les halliers, en poussant de longs cris qu'accompagnaient le bruit strident des flûtes, les coups sourds du tambourin, le cliquetis des castagnettes et le tintamarre des cymbales de cuivre. Enivrés par les clameurs et par le vacarme des instruments, exaltés par leurs élans impétueux, ils cédaient, haletants, éperdus, aux transports de l'enthousiasme sacré. Catulle nous a laissé de cette possession divine une description dramatique. (1)

Le culte de la Phrygie, comme la nature de cette région, était peut-être plus violent encore que celui de la Thrace. Le climat du plateau d'Anatolie est extrême : l'hiver y est rude, long, glacé; les pluies du printemps développent soudain une floraison vigoureuse, que grillent les ardeurs de l'été. Les brusques contrastes de cette nature, tour à tour généreuse et stérile, éclatante et morose, y provoquaient des excès de tristesse et de joie inconnus dans ces régions tempérées et souriantes où jamais la terre n'est ensevelie sous la neige, ni brûlée par le soleil. Les Phrygiens pleuraient désespérément la longue agonie et la mort de la végétation, puis, lorsqu'en mars la verdure

(1) Catulle, LXIII.

reparaissait, ils s'abandonnaient à toute l'exaltation d'une joie tumultueuse. Des rites sauvages, inconnus ou atténués en Thrace, exprimaient en Asie la véhémence de ces sentiments opposés. Au milieu de leurs orgies, après des danses échevelées, les fidèles, se blessaient volontairement, se grisaient à la vue du sang répandu, et, en arrosant les autels, croyaient s'unir à leur divinité; ou bien, arrivés au paroxysme de la frénésie, ils sacrifiaient aux dieux leur virilité, comme le font aujourd'hui encore certains dissidents russes. Après l'ablation et l'oblation des organes virils, expiation sanglante qui consacrait l'ordinand au dieu émasculé, le galle, vêtu d'une longue robe de femme, ne vivait plus que par le culte et pour le culte. L'extatisme violent fut toujours une maladie endémique en Phrygie : encore sous les Antonins, les prophètes montanistes qui parurent dans ce pays prétendirent l'introduire dans la pratique de l'Eglise et les derviches en perpétuèrent la tradition à l'époque musulmane.

Toutes ces démonstrations excessives ou dégradantes d'un culte outrancier ne doivent pas nous faire méconnaître la hauteur du sentiment qui l'inspirait. Dans cette possession sacrée, dans ces mutilations volontaires, dans ces souffrances recherchées avec emportement, se manifeste une aspiration ardente à s'affranchir de la sujétion des instincts charnels, à délivrer les âmes des liens de la matière. Ces tendances ascétiques allèrent jusqu'à la constitution d'une sorte de monachisme mendiant — celui des *métragyrtes*. Elles étaient d'accord avec certaines idées de renoncement prêchées par la morale philosophique des Grecs, et l'on vit de bonne heure les théologiens helléniques s'occuper d'une dévotion qui les attirait et les repoussait à la fois. L'Eumolpide Timothée, qui fut, nous le verrons (p. 118), l'un des fondateurs du culte alexandrin de Sérapis, s'instruisit aussi des antiques mythes phrygiens pour ses essais de réforme religieuse. Ces penseurs réussirent sans doute à faire admettre par les prêtres même de Pessinonte beaucoup de spéculations fort étrangères au vieux naturalisme anatolique. Les sectateurs de Cybèle pratiquaient très anciennement des « mystères », où l'on révélait par degrés aux initiés une sagesse considérée toujours comme divine, mais qui varia singulièrement dans le cours du temps.

***

Voilà donc quelle était la religion que les rudes Romains des guerres puniques venaient d'accueillir et d'adopter ; il s'y trouvait, caché sous des doctrines théologiques et cosmologiques, un fonds ancien d'idées religieuses très primitives et très grossières : culte des arbres, des pierres, des animaux, puis à côté de ce fétichisme superstitieux, des cérémonies à la fois sensuelles et orgiaques, tous les rites furibonds et mystiques de ces Bacchanales que les pouvoirs publics devaient interdire peu d'années plus tard.

Quand le Sénat apprit à mieux connaître la divinité que la Sibylle venait de lui imposer, il dut être fort embarrassé du cadeau qu'Attale lui avait fait. L'exaltation enthousiaste, le sombre fanatisme de la dévotion phrygienne contrastaient violemment avec la dignité calme, la réserve honnête de la religion officielle, et ils excitaient dangereusement les esprits. Les galles émasculés étaient un objet de mépris et de dégoût, et ce qui, chez eux, passait pour un acte méritoire était, au moins sous l'Empire, un crime puni par le droit pénal. Les autorités furent balancées entre le respect dû à la puissante déesse, qui avait délivré Rome des Carthaginois, et celui qu'elles éprouvaient pour le *mos maiorum*. Elles se tirèrent d'affaire en isolant complètement le nouveau culte, de façon à se prémunir contre la contagion. Défense fut faite à tout citoyen d'entrer dans le clergé de la déesse exotique ou de prendre part à ses orgies sacrées; les rites barbares, selon lesquels la Grande Mère voulait être adorée, furent accomplis par des prêtres phrygiens et des prêtresses phrygiennes Quant aux fêtes célébrées en son honneur par le peuple tout entier, les *Megalensia*, elles n'avaient rien d'oriental mais furent organisées conformément aux traditions romaines.

Une anecdote caractéristique, rapportée par Diodore, permet d'apprécier quels étaient, à la fin de la République, les sentiments populaires à l'égard de ce culte asiatique. Du temps de Pompée, un grand prêtre de Pessinonte, étant venu à Rome, se présenta au forum en habit sacerdotal, couronné d'un diadème d'or et vêtu d'une longue robe brodée, et, sous prétexte que la statue de sa déesse avait été profanée, il voulut prescrire des expiations publiques. Mais un tribun lui défendit de porter la couronne royale, et la plèbe, en l'écoutant, s'ameuta contre lui et l'obligea à se réfugier précipitamment dans sa demeure. Plus tard on lui fit, il est vrai, amende honorable, mais cette histoire montre combien la foule était encore éloignée alors de la vénération dont furent entourés un siècle plus tard Cybèle et son clergé.

Le culte phrygien, étroitement contrôlé, mena ainsi une existence obscure jusqu'à l'Empire : c'est la première période de son histoire à Rome. Il n'attirait l'attention qu'à certaines fêtes où ses prêtres, revêtus de costumes bigarrés et chargés de lourds bijoux, traversaient processionnellement les rues aux sons des tambourins. Ces jours-là, ils avaient le droit, concédé par le Sénat, de faire, de maison en maison, une collecte pour les besoins de leur temple. Ils passaient le reste de l'année confinés dans leur enclos sacré du Palatin, célébrant, dans une langue inintelligible, des cérémonies étrangères. Ils font si peu parler d'eux à cette époque qu'on ignore à peu près tout de leurs pratiques comme de leur foi. On a même pu soutenir qu'Attis n'était pas sous la République adoré avec sa compagne la Grande Mère — à tort sans doute, car les deux personnages de ce couple divin durent être inséparables dans le rite comme dans le mythe.

Mais, malgré la surveillance policière qui l'entourait, malgré les précautions et les préjugés qui l'isolaient, la religion phrygienne prospérait. Les esclaves, les affranchis, les marchands asiatiques allaient se multipliant dans la plèbe, et ces Levantins avaient, pour la grande divinité de leur pays, une dévotion superstitieuse qui s'accordait mal avec les restrictions imposées par l'autorité. Une brèche avait été pratiquée dans la forteresse lézardée des vieux principes romains, et tout l'Orient finit par y passer.

Dès la fin de la République, une seconde divinité d'Asie Mineure, apparentée de près à la Grande Mère, s'était établie dans la capitale. Durant les guerres contre Mithridate, les soldats romains apprirent à révérer la grande déesse des deux Comane, Mâ, adorée dans les gorges du Taurus et sur les bords de l'Iris par tout un peuple d'hiérodules. Elle était, comme Cybèle, une vieille divinité anatolique, personnification de la nature féconde. Seulement, son culte n'avait pas subi l'influence de la Thrace, mais, comme toute la religion de la Cappadoce, celle des Sémites et des Perses. Il est certain qu'elle se confondit avec l'Anâhita des mazdéens, dont la nature se rapprochait de la sienne. Ses rites étaient plus sanguinaires encore et plus farouches que ceux de Pessinonte, et elle avait pris ou conservé un caractère guerrier, qui la fit assimiler à la Bellone italique. La superstition du dictateur Sylla, à qui cette protectrice invincible des combats était apparue en songe, l'engagea à introduire son culte à Rome. Les cérémonies effrayantes de celui-ci firent grande impression. Ses « fanatiques » — c'est le nom qu'on donnait à ses serviteurs — vêtus de robes noires, tournoyaient au son du tambour et des trompettes, secouant au vent leur longue chevelure dénouée, puis quand le vertige les saisissait, que l'anesthésie était obtenue, ils se tailladaient les bras et le corps à grands coups de glaive et de hache, s'exaltaient en voyant couler leur sang, aspergeaient de ce sang la statue de la déesse et ses fidèles, et même le buvaient longuement; enfin, saisis d'un délire prophétique, ils prédisaient l'avenir aux assistants. Les esclaves cappadociens avaient déjà introduit ces rites en Apulie, et l'un d'eux, dans un transport sacré, y prophétisa à Sylla son triomphe sur Marius.

Ce culte féroce excita d'abord la curiosité ; mais il ne jouit jamais d'une grande considération. Il semble que la Bellone anatolique soit entrée dans le cortège des divinités subordonnées à la *Magna Mater* et soit devenue, comme le disent les textes, sa suivante (*pedisequa*). Dans les processions solennelles, son image, entourée d'une escorte de porte-lance (*hastiferi*), accompagnée de cistophores, était une de celles qui composaient la suite de Cybèle. Néanmoins, la vogue passagère dont jouit, vers le début de notre ère, cette Mâ exotique montre l'influence grandissante de l'Orient, et particulièrement celle des religions d'Asie Mineure.

Au commencement de l'Empire, la défiance craintive qu'on avait témoignée jusque-là au culte de Cybèle et d'Attis fit place à une faveur déclarée. Les restrictions qui lui avaient été imposées furent abolies : les *archigalles*, qui présidaient au culte dans chaque cité, furent choisis désormais parmi les citoyens romains, et les fêtes des dieux phrygiens furent célébrées à Rome solennellement et officiellement avec plus de pompe qu'elles n'en avaient eu à Pessinonte.

L'auteur de ce changement fut, suivant

Jean Lydus, l'empereur Claude : on a douté du renseignement fourni par ce compilateur infime, et l'on a prétendu retarder la date de cette transformation au moins jusqu'à l'époque des Antonins, mais c'est là une erreur. C'est Claude, malgré son amour de l'archaïsme, qui consentit à cette innovation, et nous pouvons, pensons-nous, deviner les motifs de sa décision, dont les fauteurs furent sans doute les affranchis asiatiques, devenus si influents à la cour et si nombreux à la ville.

Sous son prédécesseur Caligula, le culte d'Isis fut autorisé par les pouvoirs publics après une longue résistance. Ses fêtes émouvantes, ses processions imposantes lui assuraient un succès considérable. La concurrence dut être désastreuse pour les prêtres de la *Magna Mater*, relégués dans leur temple du Palatin, et le successeur de Caligula ne put faire moins que d'accorder à la déesse phrygienne, depuis si longtemps établie dans la cité, la faveur que venait d'obtenir l'Egyptienne admise tout récemment à Rome. Claude empêchait ainsi une prépondérance trop marquée de cette seconde étrangère en Italie et offrait un dérivatif au courant de la superstition populaire. Isis devait être fort suspecte à un prince épris des vieilles institutions nationales.

L'empereur Claude, donc, introduisit un cycle nouveau de fêtes qui se célébraient du 15 au 27 mars, au moment où commence le printemps et où renaît la végétation, que personnifie Attis. Nous connaissons passablement les divers actes de ce grand drame mystique. Le 15, un cortège de *cannophores* ou porte-roseau y préludait : ils commémoraient, pense-t-on, la découverte par Cybèle d'Attis, qui, selon la légende, avait été exposé enfant sur les bords du Sangarius, le grand fleuve de Phrygie. Puis l'archigalle sacrifiait un taureau de six ans pour assurer la fertilité des champs, cérémonie qui suppose aux origines une vieille fête agraire. Après sept jours de continence et d'abstinence, à l'équinoxe, commençait la véritable action : un pin était abattu et transporté dans le temple du Palatin par une confrérie qui devait à cette fonction son nom de *dendrophores* (porte-arbres). Ce pin, enveloppé, comme un cadavre, de bandelettes de laine et enguirlandé de violettes, figurait Attis mort : celui-ci n'était primitivement que l'esprit des plantes, et un très ancien rite des campagnards phrygiens se perpétuait, à côté du palais des Césars, dans les honneurs rendus à cet « arbre de mars ». Le lendemain était un jour de tristesse, où les fidèles jeûnaient et se lamentaient auprès du corps du dieu. Le 24 porte dans les calendriers le nom significatif de *Sanguis*. On y a reconnu la célébration des funérailles d'Attis, dont on apaisait les mânes par des libations de sang, comme on l'aurait fait pour un simple mortel. Les galles, mêlant leurs ululations suraiguës au son aigre des flûtes, se flagellaient, s'entaillaient les chairs, et les néophytes, arrivés au comble de la frénésie, accomplissaient, insensibles à la douleur, à l'aide d'une pierre tranchante, le sacrifice suprême de leur virilité. Suivait, après un jeûne plus strict, une veillée mystérieuse *(Pannychis)*, où recommençaient les plaintes funèbres sur le dieu défunt, jusqu'au moment où le prêtre annonçait sa résurrection attendue. On passait alors brusquement des cris de désespoir à une jubilation délirante : c'étaient les « Hilaries » du 25 mars. Avec le renouveau de la nature, Attis s'éveillait de son long sommeil de mort, et, en des réjouissances déréglées, des mascarades pétulantes, des banquets plantureux, on donnait libre cours à la joie provoquée par son retour à la vie. Après vingt-quatre heures d'un repos indispensable *(Requietio)*, les fêtes se terminaient, le 27, par une procession triomphale qui déployait son faste à travers les rues et la campagne de Rome. Accompagnée du clergé et des galles, des autorités publiques, de gardes armés, de musiciens, d'une foule immense, la statue d'argent de Cybèle, sous une pluie de fleurs, était conduite sur un char d'apparat jusqu'au ruisseau de l'Almo, où, suivant un rite très répandu pour obtenir la pluie, elle était baignée et purifiée *(Lavatio)*.

Le culte de la Mère des dieux avait pénétré dans les pays helléniques longtemps avant qu'il ne fût accueilli à Rome, mais il y prit une forme particulière et y perdit généralement son caractère barbare. L'esprit grec éprouva une répulsion invincible pour le personnage équivoque d'Attis. La *Magna Mater*, qui se distingue nettement de sa congénère hellénisée, pénétra et s'imposa avec la religion romaine dans toutes les provinces latines : en Espagne, en Bretagne, dans les pays danubiens, en Afrique et surtout en Gaule, où Lyon fut le grand foyer de son rayonnement. Nulle divinité orientale ne fut aussi populaire dans la bourgeoisie des villes et même parmi les cultivateurs des campagnes. A Autun, le char de la déesse, traîné par des bœufs, était encore, au IVe siècle, promené en grande pompe dans les champs et les vignes pour en assurer la fécondité. Les *dendrophores*, qui, nous l'avons vu, portaient le pin sacré dans les fêtes du printemps, formaient dans les municipes des associations reconnues par l'Etat, et qui, en même temps que de leur mission religieuse, étaient chargées du service de nos pompiers. Ces bûcherons ou charpentiers, capables de couper l'arbre divin d'Attis, savaient aussi, en cas de besoin, faire tomber les poutres des maisons incendiées. Dans tout l'Empire, le culte, avec les confréries qui en dépendaient, était placé sous la haute surveillance des quindécemvirs de la capitale, qui conféraient aux prêtres leurs insignes. La hiérarchie sacerdotale et les droits accordés au clergé et aux fidèles durent être exactement réglés par une série de sénatus-consultes. C'est donc comme dieux romains avec les autres dieux romains que ces Phrygiens, qui avaient obtenu la grande naturalisation et étaient entrés dans les cadres officiels, furent adoptés par les populations de l'Occident, et cette propagation se distingue nettement de celle de toutes les autres religions orientales. L'action du gouvernement agit ici concurremment avec les tendances qui attiraient les foules dévotes vers ces divinités asiatiques.

Cet entraînement populaire fut le résultat de causes variées. Les anciens nous ont conservé le souvenir de l'impression que produisaient sur les masses ces brillants cortèges où Cybèle passait sur son char aux sons d'une musique entraînante, conduite par des prêtres parés de costumes éclatants, eux-mêmes surchargés d'amulettes et précédés de la longue théorie des initiés et des membres des confréries, pieds nus, portant leurs insignes. Ce spectacle ne produisait encore qu'une sensation toute fugitive et extérieure, mais, s'il pénétrait dans le temple, le néophyte était saisi d'un trouble plus profond. Combien pathétique était l'histoire de la déesse cherchant le corps de son amant, fauché à la fleur de l'âge, ainsi que l'herbe des champs! Combien émouvants ces offices funèbres et sanglants, où l'on pleurait longuement le trépas cruel du jeune homme, puis ces hymnes de triomphe et ces chants d'allégresse, où l'on acclamait son retour à la vie! Par une gradation de sentiments savamment ménagée, on élevait les assistants jusqu'au ravissement de l'extase. La dévotion féminine surtout trouvait dans ces cérémonies un aliment et une jouissance singulière — car toujours la Grande Mère déesse féconde et nourricière, fut adorée par les femmes avec prédilection.

De plus, on attachait à la pratique pieuse de cette religion des espoirs infinis. Les Phrygiens, comme les Thraces, crurent de bonne heure à l'immortalité de l'âme. De même qu'Attis mourait et ressuscitait chaque année, de même ses fidèles devaient après leur décès renaître à une vie nouvelle. Le philosophe Damascius raconte qu'ayant pratiqué l'incubation à Hiérapolis, il crut en rêve être devenu Attis; la Grande Mère célébrait pour lui la fête des « Hilaries » : ce songe indiquait qu'il était sauvé de l'enfer. Les usages funéraires même attestent la vivacité de cette espérance : on a trouvé dans certaines villes, notamment à Amphipolis de Macédoine, les sépultures garnies de statuettes de terre cuite qui représentent le pâtre Attis, et jusqu'en Germanie les pierres tombales sont fréquemment décorées de figures de jeunes gens, en costume oriental, tristement appuyés sur un bâton noueux *(pedum)*, où l'on a reconnu le même Attis. A la vérité, nous ne savons guère de quelle manière les disciples orientaux des prêtres phrygiens se figuraient la félicité dans l'au-delà. La plus ancienne conception semble avoir été que Cybèle, déesse de la Terre Mère, absorbait les morts dans son sein et les faisait participer à sa divinité. Mais la croyance à une ascension de l'âme vers les sphères étoilées se substitua avant l'Empire à celle d'une descente dans les enfers. Peut-être les initiés espéraient-ils, comme les sectateurs de Sabazius, être admis, sous la conduite d'Hermès psychopompe, à un grand banquet, festin céleste, auquel préparaient les repas sacrés des mystères.

**

Mais ce qui apporta certainement aussi une force considérable à cette religion importée, c'est, comme nous l'avons dit, qu'elle était officiellement reconnue. Elle eut ainsi entre toutes celles qui vinrent de l'Orient une situation privilégiée, du moins au début de l'Empire. Elle ne jouissait pas seulement d'une tolérance précaire et limitée ; elle n'était pas soumise à l'arbitraire de la police et au droit de coercition des magistrats; ses confréries n'étaient pas constamment menacées de dissolution et ses prêtres d'expulsion. Elle était publiquement autorisée et dotée, ses fêtes étaient marquées dans le calendrier des Pontifes, ses associations de *dendrophores* étaient, en Italie et en province, des organes de la vie municipale, et elles possédaient la personnalité civile.

Aussi n'est-il pas surprenant que d'autres cultes étrangers, transportés à Rome, aient cherché à se prémunir contre les dangers d'une existence illicite par une alliance avec celui de la Grande Mère. Celle-ci, dans bien des cas, consentit volontiers à des accords et à des compromis, par lesquels, en réalité, elle recevait autant qu'elle donnait. En échange d'avantages matériels, elle acquérait toute l'autorité morale des dieux qui entraient dans sa clientèle. Cybèle et Attis tendirent ainsi à absorber la plupart des divinités d'Asie Mineure qui franchirent la mer Ionienne. Leur clergé chercha certainement à constituer une religion assez large pour que les émigrés des diverses régions de la vaste péninsule, gens de toute classe, esclaves, marchands, soldats, fonctionnaires et érudits, pussent retrouver en elle leurs dévotions nationales et préférées. Et, de fait, aucun autre dieu anatolique ne put guère maintenir son indépendance à côté de ceux de Pessinonte.

Nous ne connaissons pas assez exactement le développement interne des mystères phrygiens pour pouvoir noter par le menu l'accession successive de tous ces apports. Mais on peut du moins fournir la preuve que certains cultes sont venus s'associer à celui qu'on pratiquait depuis la République dans le temple du Palatin.

Attis porte dans certaines dédicaces tardives l'épithète de *menotyrannus*. Sans doute on interprétait alors ce titre comme signifiant « seigneur des mois », Attis étant alors conçu comme le soleil qui, chaque mois, entre dans un nouveau signe du zodiaque. Mais ce n'est pas là le sens primitif de l'expression : « Mèn tyrannos » est mentionné avec une tout autre signification dans de nombreuses inscriptions de l'Asie Mineure. Τύραννος, maître, est un mot que les Grecs empruntèrent au lydien, et l'on honorait de ce titre de « tyran » Mèn, vieille divinité barbare qu'adoraient la Phrygie entière et les régions circonvoisines.

Les tribus anatoliques, depuis la Carie jusqu'au fond des montagnes du Pont, vénéraient sous ce nom un dieu lunaire, qui était conçu comme régnant à la fois sur le ciel et sur le monde souterrain, l'astre des nuits ayant été souvent mis en rapport avec le sombre royaume des morts. On attribuait à son action céleste la croissance des plantes, la prospérité du bétail et de la volaille, et les villageois l'invoquaient comme le protecteur de leurs fermes et de leur canton. Ils plaçaient aussi sous la sauvegarde de ce roi des ombres leurs sépultures rustiques. Nul n'était plus populaire dans les campapagnes.

Ce dieu puissant pénétra de bonne heure en Grèce. Dans la population mêlée des ports de la mer Egée, au Pirée, à Rhodes, à Délos, à Thasos, se fondèrent des associations religieuses pour l'adorer. En Attique, où l'on constate sa présence depuis le IVe siècle, ses monuments, par leur nombre et leur variété, se placent à côté de ceux de Cybèle. Au contraire, dans l'Occident latin on ne trouve aucune trace de son culte. Pourquoi ? C'est qu'il a été absorbé par celui de la *Magna Mater*. En Asie même, Attis et Mèn avaient été parfois considérés comme identiques, et ce rapprochement ancien permit de confondre à Rome deux personnages en réalité très différents. Une statue de marbre, découverte à Ostie, nous montre Attis portant le croissant lunaire, qui est l'attribut caractéristique de Mèn. Son assimilation au « tyran » des régions inférieures dut amener la transformation du pâtre de l'Ida en maître des enfers, fonction qui se combina aisément avec celle qui lui appartenait déjà, d'auteur de la résurrection.

Un second titre qui lui est donné révèle une autre influence. Une inscription romaine (1) est consacrée à Attis le Très-Haut, Ἄττει ὑψίστῳ. Cette épithète est très significative. En Asie Mineure, « Hypsistos » est l'appellation qu'on employait pour désigner le dieu d'Israël. Il s'était constitué de nombreux thiases païens qui, sans se soumettre à toutes les pratiques de la synagogue, rendaient cependant un culte exclusif au Très-Haut, Dieu suprême, Dieu éternel, Dieu créateur, auquel tous les mortels devaient leurs hommages. C'est bien ainsi que l'auteur de la dédicace concevait le compagnon de Cybèle, car le vers continue : καὶ συνέχοντι τὸ πᾶν « à toi qui maintiens toutes choses ». Faut-il

---

(1) C. I. L. VI, 50 = I. G. XIV, 1018.

donc croire que le monothéisme hébraïque aurait eu quelque action sur les mystères de la Grande Mère ? La chose n'est nullement improbable. Nous savons que de nombreuses colonies juives furent établies en Phrygie par les Séleucides et que ces Israélites expatriés se prêtèrent à des accommodements pour concilier leur foi héréditaire avec celle des païens au milieu desquels ils vivaient. Il se pourrait que le clergé de Pessinonte eût, de son côté, subi l'ascendant de la théologie biblique. Attis et Cybèle sont devenus sous l'Empire les « dieux tout-puissants » *(omnipotentes)* par excellence, et il est difficile de ne pas voir dans cette conception nouvelle un emprunt aux doctrines sémitiques ou chrétiennes, mais plus probablement sémitiques.

C'est une question fort obscure que celle à laquelle nous touchons ici : quelle put être à l'époque alexandrine et au début de l'Empire l'influence du judaïsme sur les mystères ? On s'est souvent préoccupé d'établir celle que les croyances païennes avaient exercée sur les Juifs, on a montré comment le monothéisme d'Israël fut hellénisé à Alexandrie, comment la propagande juive groupa autour des synagogues des prosélytes qui, sans observer toutes les prescriptions de la loi mosaïque, révéraient cependant le Dieu unique. Mais on n'a guère cherché ou réussi à déterminer jusqu'à quel point le paganisme fut modifié par une infiltration d'idées bibliques. Cette transformation dut nécessairement s'opérer en quelque mesure. Un si grand nombre de colonies juives étaient dispersées dans tout le bassin de la Méditerranée, elles furent longtemps animées d'un si ardent esprit de prosélytisme, qu'elles durent fatalement imposer quelques-unes de leurs conceptions aux idolâtres qui les entouraient. Les textes magiques — qui sont presque les seuls documents littéraires originaux du paganisme que nous possédions — nous révèlent clairement ce mélange de la théologie des Juifs avec celle des autres peuples. Les noms de Iao (Iahwé), de Sabaoth ou ceux des anges s'y rencontrent fréquemment à côté de ceux de divinités égyptiennes ou grecques. Particulièrement en Asie Mineure, où les Israélites formaient un élément considérable et influent de la population, il dut se produire une pénétration réciproque des vieilles traditions indigènes et de la religion des étrangers venus d'au delà du Taurus.

Ce mélange s'opéra certainement dans les mystères très proches de ceux d'Attis, ceux d'un dieu qui fut souvent confondu avec lui, le Jupiter ou Dionysos phrygien, Sabazius. Cette vieille divinité des tribus thraco-phrygiennes fut, par une audacieuse étymologie qui remonte à l'époque hellénistique, identifiée avec le « Iahwé Zebaoth », le Dieu des armées, de la Bible. Le κύριος Σαβαώθ des Septante fut regardé comme l'équivalent du κύριος Σαβάζιος des barbares. Celui-ci fut adoré comme le Seigneur suprême, tout-puissant et saint. De tout temps, dans ces mystères, les purifications étaient pratiquées, par lesquelles on croyait se laver des souillures héréditaires qui, selon la conception primitive, rendaient impure toute la descendance d'un ancêtre coupable et attiraient sur elle le courroux céleste; elles purent, par une interprétation nouvelle, être regardées comme effaçant le péché originel, dont la désobéissance d'Adam avait entaché le genre humain. L'usage suivi par les Sabaziates de consacrer des mains votives qui, les trois premiers doigts étendus, font le geste liturgique de bénédiction — la *benedictio latina* de l'Eglise — fut peut-être emprunté, par l'intermédiaire des Juifs, au rituel des temples sémitiques. Les initiés croyaient, toujours comme les Juifs, qu'après la mort leur bon ange *(angelus bonus)* les conduirait au banquet des bienheureux, dont les repas liturgiques présageaient sur la terre les joies éternelles. L'on voit ce festin d'outre-tombe représenté sur une fresque décorant une sépulture voisine de celle d'un prêtre de Sabazius, Vincentius, qui fut inhumé dans la catacombe chrétienne de Prétextat, fait étrange dont on n'a fourni aucune explication satisfaisante. C'est sans doute qu'il appartenait à une secte judéo-païenne, qui admettait à ses cérémonies mystiques des néophytes de toute race. L'Eglise ne forma-t-elle pas aussi à l'origine une association secrète, issue, mais séparée de la Synagogue et qui réunissait dans une commune adoration les gentils et les enfants d'Israël?

Si donc l'influence du judaïsme sur le culte de Sabazius est certaine, elle s'est vraisemblablement aussi exercée sur celui de Cybèle, bien qu'on ne puisse ici la discerner aussi nettement. Mais ce ne fut pas seulement de Palestine que ce dernier reçut des germes de rénovation; il fut profondément transformé lorsque vinrent à lui les dieux d'un pays plus lointain, ceux de la Perse. Dans l'ancienne religion des Achéménides, Mithra, le génie de la lumière, formait couple avec Anâhita, la déesse des eaux fertilisantes. En Asie Mineure, celle-ci fut assimilée à la Grande Mère féconde, adorée dans toute la péninsule, et quand, à la fin du Ier siècle de notre ère, les mystères mithriaques se répandirent dans les provinces latines, leurs sectateurs construisirent leurs cryptes sacrées à l'ombre des temples de la *Magna Mater*. Les deux religions vécurent en communion intime sur toute l'étendue de l'empire. En se conciliant la bienveillance des prêtres phrygiens, ceux de Mithra obtinrent, nous avons vu pourquoi, l'appui d'une institution officielle, et participèrent à la protection que lui accordait l'Etat. De plus, seuls les hommes pouvaient prendre part, du moins en Occident, aux cérémonies secrètes de la liturgie persique; d'autres mystères, auxquels les femmes étaient admises, devaient donc être adjoints aux premiers pour les compléter. Ceux de Cybèle accueillirent les épouses et les filles des mithriastes. Adoratrices ferventes de la Mère féconde et nourricière, elles subissaient l'attraction de sa liturgie pathétique et entraient dans ses confréries et dans son sacerdoce.

Cette alliance eut, pour le vieux culte de Pessinonte, des conséquences plus importantes encore que l'infusion partielle des croyances judaïques. Sa théologie prit une signification plus profonde et une élévation jusqu'alors inconnue quand il eut adopté certaines conceptions du mazdéisme.

C'est à cette transformation que se rattache très probablement l'introduction du taurobole dans le rituel de la *Magna Mater*, dont il fait partie depuis le milieu du IIe siècle. On sait en quoi consistait ce sacrifice dont Prudence (1), qui en fut certainement le témoin oculaire, nous a laissé une description saisissante. Le myste, couché dans une excavation, recevait le sang d'un taureau égorgé au-dessus de lui sur un plancher à claire-voie. « A travers les mille fentes du bois, dit le poète, la rosée sanglante coule dans la fosse. L'initié présente la tête à toutes les gouttes qui tombent, il y expose ses vêtements et tout son corps, qu'elles souillent. Il se renverse en arrière pour qu'elles arrosent ses joues, ses oreilles, ses lèvres, ses narines ; il inonde ses yeux du liquide, il n'épargne même pas son palais, mais humecte

---

(1) Prudence, *Peristeph.*, X, 1011 ss.

sa langue du sang noir et le boit avidement. » Après s'être soumis à cette aspersion répugnante, le célébrant ou plutôt le patient s'offrait à la vénération de la foule. On le croyait, par ce baptême rouge, purifié de ses fautes et égalé à la divinité.

Bien que l'origine première de ce sacrifice, qu'à Rome on trouve ainsi accompli dans les mystères de Cybèle, soit encore fort obscure, on peut cependant, grâce à des découvertes récentes, retracer à peu près les diverses phases de son développement.

Suivant une coutume répandue à l'époque primitive dans tout l'Orient, les seigneurs d'Anatolie se plaisaient très anciennement à poursuivre et à prendre au lasso les buffles sauvages, qu'ils sacrifiaient ensuite aux dieux. La bête dont on s'était rendu maître à la chasse était immolée, comme l'était souvent aussi le captif fait à la guerre. Peu à peu la rudesse de ce rite primitif s'atténua, et il se réduisit à n'être plus qu'un simple jeu de cirque. On se contentait à l'époque alexandrine d'organiser dans l'arène une *corrida*, où l'on s'emparait de la victime destinée au sacrifice. C'est là le sens propre des mots taurobole, criobole (ταυροβόλιον, κριοβόλιον), restés longtemps énigmatiques ; ils désignaient l'action d'atteindre un taureau, un bélier, à l'aide d'une arme de jet, probablement la lanière d'un lasso. Cet acte lui-même finit sans doute, sous l'Empire romain, par se réduire à un simple simulacre, mais on continua toujours à se servir, pour frapper la bête, d'une arme de vénerie, un épieu sacré.

Les idées qui inspiraient l'immolation étaient aussi barbares à l'origine que le sacrifice lui-même. C'est une croyance très répandue chez les peuples sauvages qu'en buvant le sang, en se lavant avec le sang, ou en dévorant quelque viscère d'un ennemi tombé dans un combat ou d'un animal tué à la chasse, on fait passer en soi les qualités du mort. Le sang surtout a souvent été considéré comme le siège de l'énergie vitale. En recevant donc sur sa personne celui du taureau égorgé, l'officiant croyait transfuser dans ses membres la force de la bête redoutable.

Cette conception naïve, purement matérielle, s'épura bientôt. En Phrygie les Thraces, en Cappadoce les mages perses apportèrent et répandirent la croyance à l'immortalité de l'être humain. Sous leur influence, surtout sous celle du mazdéisme, qui fait d'un taureau mythique l'auteur de la création et de la résurrection, la vieille pratique sauvage prit une signification plus spirituelle et plus élevée. On ne pensa plus, en s'y soumettant, acquérir la vigueur d'un buffle; ce ne fut plus le renouvellement de l'énergie physique que le sang, principe de vie, fut censé communiquer, mais une renaissance soit temporaire, soit même éternelle de l'âme. La descente dans la fosse est conçue comme une inhumation, une mélopée funèbre accompagne l'enterrement du vieil homme qui meurt. Puis lorsque, grâce à l'aspersion sanglante, il est revenu purifié de tous ses crimes à une vie nouvelle, on le regarde comme semblable à un dieu, et la foule l'adore respectueusement de loin.

Le succès qu'obtint dans l'empire romain la pratique de cette affusion répugnante ne s'explique que par la puissance extraordinaire qu'on lui attribuait. Celui qui s'y soumet est, comme le disent les inscriptions, *in aeternum renatus* (1).

On pourrait esquisser de même les transformations d'autres cérémonies phrygiennes, dont l'esprit, sinon la lettre, changea peu à

(1) C. I. L., VI, 510.

peu sous l'action d'idées morales plus avancées. Il en fut ainsi des repas sacrés célébrés par les initiés. Une des rares formules liturgiques que l'antiquité nous a laissées se rapporte à ces agapes phrygiennes. On chantait dans un hymne (1): « J'ai mangé dans le tambourin, j'ai bu dans la cymbale, je suis devenu myste d'Attis. » Le banquet, qu'on retrouve dans plusieurs religions orientales, est parfois simplement le signe extérieur que les fidèles d'une même divinité forment une grande famille. Le néophyte, qui est admis à la table sainte, est reçu comme l'hôte de la communauté et devient un frère parmi des frères; le lien religieux du thiase ou du *sodalicium* se substitue à la parenté naturelle de la famille, de la *gens* ou du clan, comme le culte étranger remplace celui du foyer domestique. Parfois aussi on attend d'autres effets de la nourriture prise en commun : on dévore la chair d'un animal conçu comme divin, et l'on croit ainsi s'identifier avec le dieu lui-même et lui emprunter sa substance et ses qualités. C'est probablement la première signification que les prêtres phrygiens attribuaient ancienne-

(1) Firm. Maternus, *De errore rel.*, 18.

ment à leurs festins liturgiques. Mais la seconde prédomine en Occident et l'admission au repas cultuel y est devenue un rite d'initiation. Cette communion barbare assure au myste une immortalité divine et elle lui apporte aussi ici-bas un réconfort religieux. Vers la fin de l'Empire, à l'absorption des liqueurs et des mets consacrés, qu'on prenait dans le tambourin et la cymbale d'Attis, s'attachaient surtout des idées morales. Ils sont un aliment de vie spirituelle et doivent soutenir dans les épreuves de la vie l'initié, qui à cette époque considère les dieux avant tout comme les « gardiens de son âme et de ses pensées » (1).

Ainsi, toutes les modifications que subissent dans la société impériale les idées sur le monde et sur l'homme ont leur répercussion dans la doctrine des mystères. La conception même qu'on se fait des vieilles déités de Pessinonte s'y transforme incessamment. Lorsque, grâce surtout à l'astrologie et aux cultes sémitiques, un hénothéisme solaire devint la religion dominante à Rome, Attis fut regardé comme le Soleil qui est au ciel le « pasteur des astres étincelants (2) ». On l'identifia avec Adonis,

(1) C. I. L. VI, 499 : *Dii animae mentisque custodes.*
(2) Hippolyte, *Ref. haeres.*, V, 9.

Bacchus, Pan, Osiris, Mithra; on fit de lui un être « polymorphe » en qui toutes les puissances célestes se manifestaient tour à tour, un « panthée » qui portait à la fois la couronne de rayons et le croissant lunaire, et dont les attributs variés exprimaient les fonctions infiniment multiples.

Lorsque le néoplatonisme triomphera, la fable phrygienne deviendra le moule traditionnel dans lequel des exégètes subtils verseront hardiment leurs spéculations philosophiques sur les forces créatrices et fécondantes, principes de toutes les formes matérielles, et sur la délivrance de l'âme divine plongée dans la corruption de ce monde terrestre. Dans le discours nébuleux de Julien sur la Mère des Dieux, l'outrance de l'allégorie finit par faire perdre à cet esprit enthousiaste toute notion de la réalité, et il perd pied, emporté par un symbolisme extravagant.

Une religion aussi accessible que celle-ci aux actions extérieures devait nécessairement subir l'ascendant du christianisme vainqueur. Nous savons par les témoignages explicites d'écrivains ecclésiastiques qu'on voulut opposer les mystères phrygiens à ceux de l'Église. On soutint que la purification sanglante du taurobole était plus efficace que le baptême; les aliments qu'on mangeait et buvait dans les repas mystiques furent comparés au pain et au vin de la communion; la Mère des dieux fut élevée au-dessus de la Mère de Dieu, dont le fils était pareillement ressuscité. Un auteur chrétien, qui écrivait à Rome vers l'an 375, nous donne à ce sujet une indication très remarquable. Le 24 mars, *dies Sanguinis*, on célébrait, nous l'avons vu, une cérémonie lugubre où les galles faisaient jaillir leur sang et parfois se mutilaient en souvenir de la blessure qui avait causé la mort d'Attis, et l'on attribuait au sang ainsi répandu un pouvoir expiatoire et rédempteur. Les païens soutenaient donc que l'Église avait contrefait leurs rites les plus saints en plaçant comme eux, mais après eux, vers l'équinoxe du printemps sa semaine sainte, commémoration du sacrifice de la croix, où le sang de l'Agneau divin, disait-elle, avait racheté le genre humain. Saint Augustin, qui s'indigne de ces prétentions blasphématoires, raconte avoir connu un prêtre de Cybèle qui répétait : *Et ipse Pileatus christianus est.* « Le dieu coiffé du bonnet phrygien — c'est-à-dire Attis — est, lui aussi, chrétien. »

Mais tous les efforts pour soutenir un culte barbare frappé d'une déchéance morale étaient vains. A l'endroit même où, dans le *Phrygianum*, on accomplissait au déclin du IVe siècle les derniers tauroboles, s'élève aujourd'hui la basilique du Vatican.

Il n'est aucune religion orientale dont nous puissions suivre à Rome l'évolution progressive aussi exactement que celle du culte de Cybèle et d'Attis, aucune où apparaisse aussi nettement l'une des causes qui ont amené leur décadence commune et leur disparition. Toutes remontent jusqu'à une époque lointaine de barbarie, et elles ont hérité de ce passé sauvage une foule de mythes dont l'odieux pouvait être dissimulé, mais non supprimé, par un symbolisme philosophique, de pratiques dont toutes les interprétations mystiques déguisaient mal la grossièreté fondamentale, survivance d'un rude naturalisme. Nulle part la discordance entre les tendances moralisantes des théologiens et l'impudicité cruelle de la tradition n'est aussi éclatante. Un dieu dont on prétend faire le maître auguste de l'univers était le héros pitoyable et abject d'une obscène aventure d'amour; le taurobole, qui cherche à satisfaire les aspirations les plus élevées de l'homme vers la purification spirituelle et l'immortalité, apparaît comme une douche de sang qui fait songer à quelque orgie de cannibales. Les lettrés et les sénateurs qui participaient à ces mystères y voyaient officier des eunuques maquillés, à qui on reprochait des mœurs infâmes et qui se livraient à des danses étourdissantes rappelant les exercices des derviches tourneurs et des Aïssaouas. On comprend la répulsion qu'inspirèrent ces cérémonies à tous ceux dont le jugement n'était pas oblitéré par une dévotion fanatique. Il n'est aucune superstition de l'idôlatrie dont les polémistes chrétiens parlent avec un mépris plus outrageux, et sans doute avec raison. Mais ils n'étaient pas contraints, eux, de verser leur vin nouveau dans de vieilles outres, et toutes les ignominies qui purent entacher cette antique religion phrygienne ne doivent pas nous rendre injustes envers elle et nous faire méconnaître les longs efforts tentés pour l'épurer peu à peu, pour lui donner une forme qui lui permît de répondre aux exigences nouvelles de la morale, de suivre la marche pénible de la société romaine vers le progrès religieux.

IV

L'ÉGYPTE

Parmi toutes les religions de l'antiquité, aucune ne nous est aussi bien connue que celle des Égyptiens. On peut suivre son développement durant trois ou quatre milliers d'années, lire dans leur forme originale les textes sacrés, récits mythiques, hymnes, rituels, Livre des Morts, distinguer les diverses idées qu'elle se fit sur la nature des puissances supérieures et sur la vie future; une infinité de monuments nous ont conservé les images des divinités et la représentation de scènes liturgiques, une foule d'inscriptions et de papyrus nous renseignent sur l'organisation sacerdotale des principaux temples. Il semblerait que cette quantité innombrable de documents de tout genre, dont le déchiffrement se poursuit depuis près d'un siècle, dût avoir dissipé toute incertitude sur la foi de l'ancienne Égypte et permis de reconnaître exactement les origines et les caractères primitifs du culte que les Grecs et les Romains empruntèrent aux sujets des Ptolémées.

Et cependant il n'en est pas ainsi. Sans doute, des quatre grandes religions orientales transportées en Occident, c'est celle d'Isis et de Sérapis où l'on peut le mieux établir des rapprochements avec les antiques croyances de leur première partie, mais nous ne savons encore que très imparfaitement comment elle fut constituée d'abord et ce qu'elle était avant la période impériale, pendant laquelle elle fut appelée à de si hautes destinées.

Un fait, cependant, paraît certain : le culte égyptien qui se répandit dans le monde gréco-romain sortit du Sérapéum d'Alexandrie, fondé par Ptolémée Soter, à peu près comme le judaïsme du temple de Jérusalem. Mais la première histoire de ce sanctuaire célèbre est entourée d'une végétation si touffue de légendes pieuses que des chercheurs très sagaces s'y sont égarés. Sérapis était-il d'origine indigène ou a-t-il été importé de Sinope, de Séleucie ou même de Babylone ? Chacune de ces opinions a trouvé encore tout récemment des défenseurs. L'on a voulu dériver le nom même de « Sarapis » du titre de *Shar-apsî*, « maître de l'Océan », donné très anciennement à Éa en Mésopotamie. Mais les égyptologues semblent avoir victorieusement démontré qu'il faut y reconnaître Osiris-Apis (Usur-apî), la divinité protectrice de la nécropole de Memphis.

Quelque solution qu'on adopte, un point reste acquis : Sérapis et Osiris furent ou identiques dès l'origine, ou identifiés immédiatement. La divinité dont le premier Ptolémée introduisit le culte à Alexandrie est celle qui règne sur les morts et qui leur fait partager son immortalité. C'est un dieu foncièrement égyptien, le plus populaire de tous les dieux de la vallée du Nil. Déjà Hérodote nous dit qu'Isis et Osiris sont honorés par tous les habitants du pays, et leurs fêtes traditionnelles contenaient des cérémonies secrètes dont le conteur grec n'ose révéler la signification sacrée.

Aussi les Égyptiens acceptèrent-ils aisément, malgré une sourde résistance du vieux clergé national, le culte nouveau de Sérapis en qui ils reconnaissaient leur Osiris. C'était une tradition indigène qu'une dynastie nouvelle introduisît un dieu nouveau ou donnât une sorte de prééminence à celui du nome dont elle était originaire. La politique avait de tout temps changé le gouvernement du ciel en même temps que celui de la terre. Le Sérapis d'Alexandrie devint naturellement sous les Ptolémées une des principales divinités du pays, de même que, sous les Pharaons de Thèbes, l'Ammon de cette ville avait été le chef de la hiérarchie céleste, ou comme, sous les princes de Saïs, la Néith locale avait acquis une considération souveraine. Du temps des Antonins, on comptait en Égypte quarante-deux Sérapéums.

Mais le but des Ptolémées n'était pas d'ajouter un dieu égyptien de plus à la foule innombrable de ceux que déjà vénéraient leurs sujets. Ils voulaient que ce dieu réunît dans une commune adoration les deux races qui peuplaient leur royaume et contribuât ainsi à leur fusion. Les Grecs devaient le servir à côté des indigènes. Ce fut une idée politique féconde que celle d'organiser à Alexandrie un culte égyptien hellénisé. Une tradition rapportée par Plutarque, veut qu'un prêtre d'Héliopolis, ouvert aux idées nouvelles, Manéthon, et un Eumolpide d'Éleusis, Timothée, aient délibéré ensemble sur le caractère qu'il convenait d'attribuer au nouveau venu. C'est bien, en effet, une combinaison de la vieille foi des Pharaons avec les mystères de la Grèce qui caractérise la religion composite fondée par les Lagides.

D'abord — et ce fut là un profond changement — la langue liturgique fut non plus l'idiome du pays, mais le grec. Le philosophe Démétrius de Phalère, guéri de la cécité par Sérapis, composa en son honneur des péans, qui se chantaient encore des siècles plus tard sous les Césars. Les poètes que pensionnaient les Ptolémées rivalisèrent d'empressement, on peut le croire, à célébrer le dieu de leur bienfaiteur, et les vieux rituels, traduits de l'égyptien, s'enrichirent ainsi de morceaux édifiants d'une inspiration originale. Certains hymnes gravés sur le marbre et transcrits sur papyrus, où sont loués les mérites, rappelées les inventions, magnifiés les miracles de la déesse, peuvent nous donner quelque idée de ces compositions sacrées. Ou bien les épithètes et les noms multiples qu'elle reçoit dans les nomes de l'Egypte et dans les cités de l'étranger forment dans ces prières une longue litanie, qui doit reproduire des invocations liturgiques,

En second lieu, les artistes remplacèrent les vieilles idoles hiératiques par des images plus séduisantes et leur prêtèrent la beauté des Immortels. On ignore qui créa le type d'Isis drapée dans une robe de lin, vêtue d'un manteau à franges noué sur la poitrine, et dont le visage doux et méditatif, gracieux et maternel, est une combinaison des idéals imaginés pour Héra et pour Aphrodite. Mais nous connaissons l'auteur de la statue de Sérapis, qui, jusqu'à la fin du paganisme, se dressa dans le grand sanctuaire d'Alexandrie. Cette statue, prototype de toutes les répliques qui nous sont parvenues, une œuvre colossale exécutée en matières précieuses, avait pour auteur un célèbre sculpteur athénien, Bryaxis, contemporain de Scopas. Ce fut une des dernières créations divines du génie hellénique. La tête majestueuse, d'une expression à la fois sombre et bienveillante, ombragée par une abondante chevelure et surmontée d'un boisseau, rappelait le double caractère du dieu qui règnait à la fois sur la terre féconde et sur le lugubre royaume des morts.

Ainsi, les Ptolémées avaient donné à leur nouvelle religion une forme littéraire et artistique susceptible de séduire les esprits les plus délicats et les plus cultivés. Mais l'adaptation aux façons de sentir et de penser de l'hellénisme ne fut pas purement extérieure. Le dieu dont le culte était ainsi rénové, Osiris, se prêtait mieux que tout autre à couvrir de son autorité la formation d'une foi syncrétique. Depuis bien longtemps — avant même qu'Hérodote n'écrivît — on avait identifié Osiris avec Dionysos et Isis avec Déméter. Dans un mémoire ingénieux, Paul Foucart (1) s'est attaché à démontrer que cette assimilation n'était pas arbitraire et qu'Osiris et Isis, ayant passé en Crète et en Attique à l'époque préhistorique, y furent confondus avec Bacchus et Cérès. Sans remonter jusqu'à ces âges reculés, nous nous contenterons de constater avec lui que les mystères de Dionysos étaient unis à ceux d'Osiris, non par des ressemblances superficielles et fortuites, mais par des affinités profondes. Des deux côtés, on commémorait l'histoire d'un dieu qui à la fois présidait à la végétation et gouvernait le monde souterrain, d'un dieu mis à mort par un ennemi et déchiré en lambeaux, d'un dieu dont une déesse rassemblait les membres épars pour le

(1) Foucart, *Le culte de Dionysos en Attique*, 1904.

ramener miraculeusement à la vie. Les Grecs devaient donc être disposés à accueillir un culte où ils retrouvaient leurs propres divinités et leurs propres mythes avec quelque chose de plus poignant et de plus magnifique. C'est un fait très remarquable que, parmi la multitude des déités honorées dans les nomes du royaume des Ptolémées, celles de l'entourage, ou, si l'on veut, du cycle d'Osiris, son épouse Isis, leur fils Harpocrate et leur fidèle serviteur Anubis, soient les seules qui aient été vraiment adoptées par les populations helléniques. Tous les autres esprits célestes ou infernaux que vénérait l'Egypte sont restés en Grèce des étrangers.

Deux sentiments opposés se manifestent dans la littérature gréco-latine à l'égard de la religion égyptienne. Elle y est regardée à la fois comme la plus élevée et la plus basse qui soit, et il y avait, en effet, un abîme entre les croyances populaires, toujours vivaces, et la foi éclairée des prêtres officiels. D'un côté, les Grecs et les Romains considéraient avec admiration la splendeur des temples et du cérémonial, l'antiquité fabuleuse des traditions sacrées, la science d'un clergé dépositaire d'une sagesse révélée par la divinité, et ils se figuraient, en devenant ses disciples, s'abreuver à la source pure d'où étaient dérivés leurs propres mythes. Ils s'en laissèrent imposer par les prétentions d'un sacerdoce fier d'un passé où il s'immobilisait, et subirent fortement l'attraction d'un pays prestigieux, où tout était plein de mystère, depuis le Nil, aux sources inconnues, qui l'avait créé, jusqu'aux hiéroglyphes gravés sur les parois de ses édifices gigantesques.

En même temps, ils sont choqués par la grossièreté de son fétichisme, par l'absurdité de ses superstitions. Ils éprouvent surtout une répulsion invincible pour le culte rendu aux animaux et aux plantes, qui fut à toutes les époques le côté le plus frappant de la religion vulgaire des Égyptiens et qui, depuis la dynastie Saïte, paraît avoir été pratiqué avec une nouvelle ferveur, comme toutes les dévotions archaïques. Les comiques et les satiristes ne tarissent pas en railleries sur les adorateurs du chat, du crocodile, du poireau et de l'oignon. « O sainte population, s'écrie ironiquement Juvénal, dont les dieux naissent même dans ses potagers » (1). Somme toute, les

---

(1) Juvénal, XV, 10.

Occidentaux ont eu pour ce peuple bizarre, que tout séparait du reste de l'univers, à peu près le même genre de considération que les Européens gardèrent longtemps pour les Chinois.

Un culte purement égyptien eût été inacceptable dans le monde gréco-latin. Le mérite de la création mixte, réalisée par le génie politique des Ptolémées, c'est d'avoir rejeté ou atténué ce qui, comme les phallophories d'Abydos, était répugnant ou monstrueux, pour maintenir uniquement ce qui pouvait émouvoir ou attirer. Elle fut la plus civilisée de toutes les religions barbares; elle conserva assez d'exotisme pour piquer la curiosité des Grecs, pas assez pour blesser leur sens délicat de la mesure, et son succès fut éclatant.

Elle fut adoptée partout où se fit sentir l'autorité ou le prestige des Lagides, partout où s'étendirent les relations de la grande métropole commerciale d'Alexandrie. Les premiers la firent accepter par les princes et par les peuples avec lesquels ils conclurent des alliances. Le roi Nicocréon l'introduisit à Chypre après avoir consulté l'oracle du Sérapéum, Agathocle en Sicile, lorsqu'il épousa la belle-fille de Ptolémée Ier. A Antioche, Séleucus Callinicus fonda un sanctuaire pour y loger une statue d'Isis que Ptolémée Evergète lui avait envoyée de Memphis. Ptolémée Soter ou Philadelphe introduisit à Athènes, comme gage de son amitié, Sérapis, qui eut désormais un temple au pied de l'Acropole, et Arsinoë, sa mère ou sa femme, en fondait un autre à Halicarnasse dès l'année 307. Ainsi l'action politique de la dynastie égyptienne tendait à faire reconnaître partout des divinités dont la gloire était en quelque sorte liée à celle de leur maison. Nous savons par Apulée que, sous l'Empire, les prêtres d'Isis mentionnaient en premier lieu dans leurs prières le souverain régnant; ils ne faisaient certainement qu'imiter la dévotion reconnaissante que leurs prédécesseurs avaient vouée aux Ptolémées.

Sous la protection des escadres égyptiennes, les marins et les marchands répandaient en même temps le culte d'Isis, patronne des navigateurs, sur toutes les côtes de Syrie, d'Asie Mineure et de Grèce, dans les îles de l'Archipel et jusque dans l'Hellespont et en Thrace. Au IIIe siècle, un prêtre de Memphis l'introduisit à Délos, où les inscriptions recueillies dans trois *Serapieia* nous permettent de l'étudier avec quelque détail. Officiellement reconnu au IIe, il est dès lors célébré par un clergé appartenant à l'aristocratie athénienne, mais déjà les *negotiatores* romains qui trafiquaient dans l'île rivalisaient de dévotion et de générosité avec les Grecs. La popularité des croyances sur la vie future, propagées par ces mystères dans le monde hellénique, est attestée par une quantité de bas-reliefs funéraires où le défunt héroïsé, auquel ses proches viennent offrir des aliments, est coiffé du *calathos* de Sérapis. Il est, en conformité avec la croyance égyptienne, assimilé au dieu des morts.

Même quand l'éclat de la cour d'Alexandrie pâlit et s'éclipsa, même quand les guerres contre Mithridate et le développement de la piraterie eurent ruiné le négoce dans la mer Égée, le culte alexandrin put péricliter dans certains ports, comme à Délos, mais il était trop fortement implanté dans le sol de la Grèce pour y périr. De tous les panthéons de l'Orient, seuls Isis et Sérapis restèrent jusqu'à la fin du paganisme placés au nombre des grandes divinités que vénérait le monde hellénique.

L'ÉGYPTE 127

***

C'est cette religion syncrétique, déjà popularisée dans tout le bassin oriental de la Méditerranée, qui arriva aux Romains. La Sicile et le midi de l'Italie étaient des pays plus qu'à demi helléniques, et les Ptolémées y entretenaient des relations diplomatiques, comme les trafiquants d'Alexandrie des relations d'affaires. Aussi le culte isiaque s'y propagea-t-il presque aussi rapidement que sur les côtes d'Ionie ou dans les Cyclades. Syracuse et Catane le reçurent, nous l'avons dit, dès l'époque de Ptolémée Soter et d'Agathocle. Le Sérapéum de Pouzzoles, alors le port de plus actif de la Campanie, est mentionné dans un arrêté municipal de l'an 105 av. J.-C. Vers la même date, un Iséum fut fondé à Pompéi, où les fresques décoratives manifestent aujourd'hui encore à tous les yeux la puissance d'expansion que posséda la culture alexandrine.

Adoptée ainsi dans le sud de la péninsule italique, cette religion ne pouvait tarder à pénétrer dans Rome. Elle dut trouver depuis le IIe siècle avant notre ère des adeptes dans la foule mêlée des esclaves et des affranchis.

Le collège des *Pastophores* se souvenait sous les Antonins d'avoir été fondé à l'époque de Sylla. Les autorités cherchèrent en vain à arrêter l'invasion des dieux alexandrins. A quatre reprises, en 58, 53, 50 et 48 av. J.-C., le Sénat fit démolir par les magistrats leurs chapelles et abattre leurs statues. Mais ces mesures de violence furent impuissantes à arrêter la diffusion des nouvelles croyances. Les mystères égyptiens nous offrent le premier exemple à Rome d'un mouvement religieux essentiellement populaire, triomphant de la résistance des pouvoirs publics et de celle des sacerdoces officiels.

Pourquoi seul de tous les cultes orientaux celui-ci fut-il l'objet de persécutions répétées ? Elles eurent un double motif, religieux et politique.

D'abord on reprochait à cette dévotion d'être corruptrice et de pervertir la piété. Sa morale était relâchée et le mystère dont elle s'entourait suscitait les pires soupçons. De plus, elle faisait un appel violent aux émotions et aux sens. Toutes ses pratiques blessaient la décence grave qu'un Romain devait conserver en présence des dieux. Les novateurs eurent pour adversaires tous les défenseurs du *mos maiorum*.

D'autre part, ce culte avait été fondé, soutenu, propagé par les Ptolémées; il venait d'un pays qui, à la fin de la république, fut presque constamment hostile à l'Italie. Il sortait d'Alexandrie une ville dont Rome sentait et craignait la supériorité. Ses associations secrètes, qui se recrutaient surtout dans le bas peuple, pouvaient facilement, sous prétexte de religion, devenir des clubs d'agitateurs et des repaires d'espions. Tous ces motifs de suspicion et de haine furent sans doute plus puissants que les mobiles purement théologiques pour susciter la persécution. On voit celle-ci cesser et reprendre suivant les vicissitudes de la politique générale.

En 48, nous le disions, on démolit encore les chapelles consacrées à Isis. Après la mort de César, en 43, les triumvirs, sans doute pour se concilier les masses, décident de lui élever un temple aux frais de l'Etat, ce qui impliquait une reconnaissance officielle; mais le projet, ce semble, ne fut pas mis à exécution. Si le vainqueur d'Actium avait été Antoine, Isis et Sérapis eussent fait avec lui une entrée triomphale à Rome, mais ils furent vaincus avec Cléopâtre, et Auguste, devenu le maître de l'Empire, témoigna une aversion profonde aux dieux protecteurs de ses anciens ennemis. Pouvait-il d'ailleurs, tolérer l'intrusion du clergé égyptien dans le sacerdoce romain, dont il s'était constitué le gardien, le restaurateur et le chef ? En 28, défense est faite de dresser des autels aux divinités alexandrines à l'intérieur de l'enceinte sacrée du *pomoerium*, et sept ans plus tard Agrippa étend la prohibition jusqu'à un rayon de mille pas autour de la ville. Tibère s'inspirait des mêmes principes, et, en 19 ap. J.-C., une affaire scandaleuse, où furent compromis une matrone et un chevalier avec des prêtres isiaques, déchaîna contre ceux-ci les poursuites les plus sanglantes dont ils aient eu à souffrir.

Seulement toutes ces mesures de police étaient singulièrement inefficaces. Le culte égyptien était exclu, en principe sinon en fait, de Rome et de sa banlieue immédiate, mais le reste du monde restait ouvert à sa propagande.

Dès le commencement de l'Empire, il envavahit peu à peu le centre et le nord de l'Italie et s'étend dans les provinces. Les marchands, les marins, les esclaves, les artisans, les lettrés égyptiens, même les soldats libérés des trois légions cantonnées dans la vallée du Nil concourent à la diffusion. Il pénètre par Carthage en Afrique, par le grand *emporium* d'Aquilée dans les pays danubiens. La nouvelle province de Gaule fut envahie par la vallée du Rhône. Beaucoup d'émigrants orientaux venaient alors chercher fortune dans ce pays encore neuf; les relations d'Arles avec Alexandrie étaient fréquentes, et nous savons qu'une colonie de Grecs égyptiens, établie à Nîmes par Auguste, y apporta les dieux de sa patrie. Avec le début de notre ère commence ce grand mouvement de conversion qui devait bientôt faire adorer Isis et Sérapis depuis la lisière du Sahara jusqu'au vallum de Bretagne et des montagnes des Asturies jusqu'aux bouches du Danube.

La résistance que le pouvoir central opposait encore ne pouvait se prolonger. C'était peine perdue de vouloir endiguer ce fleuve débordé dont les flots pressés venaient de toutes parts battre les murailles branlantes du *pomoerium*. Le prestige d'Alexandrie n'était-il pas invincible ? Elle est alors plus belle, plus savante, mieux policée que Rome; elle offrait le modèle de la capitale accomplie, jusqu'où les Latins cherchaient à se hausser. Ils traduisaient les érudits, imitaient ses littérateurs, appelaient ses artistes, calquaient ses institutions. Comment sa religion ne leur aurait-elle pas fait subir son ascendant ? De fait, la ferveur de ses fidèles maintenait en dépit des lois ses sanctuaires jusque sur le Capitole et les femmes cultivées de l'aristocratie ne fixaient plus l'emploi de leurs journées sans consulter les éphémérides de Pétosiris. Les astronomes d'Alexandrie avaient réformé sous César le calendrier des pontifes; ses prêtres y inscrivirent bientôt la date des fêtes isiaques.

Le pas décisif fut fait presque aussitôt après la mort de Tibère. Caligula, sans doute en 38, construisit au Champ de Mars le grand temple d'Isis *Campensis*. Pour ménager les susceptibilités sacerdotales, il l'avait fondé en dehors de l'enceinte sacrée de la ville de Servius. Domitien fit plus tard de ce sanctuaire un des monuments les plus splendides de Rome. Depuis lors, Isis et Sérapis jouirent de la faveur de toutes les dynasties impériales, des Flaviens comme des Antonins et des Sévères. Vers l'an 215, Caracalla lui éleva au cœur de la ville sur le Quirinal un temple plus fastueux encore que celui de Domitien, et peut-être un autre encore sur le Cœlius. Les dieux de l'Égypte, comme le constate l'apologiste

Minucius Félix, étaient devenus tout à fait romains (1).

C'est au commencement du IIIe siècle qu'ils paraissent avoir atteint l'apogée de leur puissance; plus tard, la vogue populaire et l'appui de l'Etat passèrent plutôt à d'autres divinités, les Baals de Syrie et le Perse Mithra. Puis les progrès du christianisme ruinèrent leur pouvoir. Néanmoins, celui-ci resta considérable dans le paganisme jusqu'à la fin du monde antique. Les processions isiaques parcouraient toujours les rues de Rome à la fin du IVe siècle — un témoin oculaire les décrit encore en 394. Mais, déjà en 391, le patriarche Théophile avait livré aux flammes le Sérapéum d'Alexandrie et porté lui-même le premier coup de hache à la statue colossale du dieu, objet d'une vénération superstitieuse, abattant ainsi, dit Rufin, « la tête même de l'idolâtrie » (2).

Celle-ci avait, en effet, reçu une atteinte mortelle. La dévotion envers les dieux des Ptolémées acheva de s'éteindre entre le règne de Théodose et celui de Justinien et, selon la

---

(1) Minutius Felix, XXII, 2.
(2) Rufin II, 24 : *Caput ipsum idolatriae.*

prophétie désolée d'Hermès Trismégiste (1), l'Égypte, l'Égypte elle-même, veuve de ses divinités devint une terre des morts; de ses religions, il ne resta que des fables auxquelles plus personne n'ajouta foi, et des mots inscrits sur la pierre rappelèrent seuls sa piété d'autrefois aux barbares qui vinrent l'habiter.

***

On le voit par cette esquisse rapide de leur histoire, Isis et Sérapis furent adorés dans le monde latin durant une période de plus de cinq cents ans. Quelles transformations subit leur culte pendant ce long espace de temps, quelles différences locales il put présenter dans les diverses provinces, c'est ce que les recherches de l'avenir auront à déterminer. Elles constateront sans doute qu'au lieu de se latiniser sous l'Empire, le culte alexandrin, toujours plus exotique en Italie qu'en pays hellénique, est allé en s'orientalisant de plus en plus. Domitien, qui restaure l'Iséum du Champ de Mars et celui de Bénévent, y transporte de la vallée du Nil

---

(1) Ps.-Apulée, *Asclepius*, 24.

des sphinx, des Apis, des cynocéphales et des obélisques de granit noir ou rose portant les cartouches d'Amasis, de Nechtanébo ou même de Ramsès II, tandis que sur d'autres obélisques dressés dans les propylées les dédicaces de l'empereur lui-même sont gravées en hiéroglyphes. Un demi-siècle plus tard Hadrien, qui dans son immense villa de Tibur faisait, en vrai dilettante, reproduire à côté de la vallée de Tempé les délices de Canope pour y célébrer, sous le regard bienveillant de Sérapis, des fêtes voluptueuses, exalte dans des inscriptions conçues dans la vieille langue des Pharaons les mérites d'Antinoüs divinisé et met à la mode les statues égyptisantes sculptées dans un basalte noir. Les amateurs affectèrent alors de préférer la raideur hiératique des idoles barbares à la liberté élégante de l'art alexandrin. Ces manifestations esthétiques correspondaient probablement à des préoccupations religieuses, et partout le culte latin dut s'attacher plus qu'en Grèce à reproduire celui des temples de la vallée du Nil. Cette évolution était conforme à toutes les tendances de l'époque impériale.

Par quelle vertu secrète la religion égyptienne a-t-elle exercé cette attraction puissante sur le monde romain ? Qu'y apportaient de nouveau ces prêtres qui conquéraient des prosélytes dans toutes les provinces ? Le succès de leur prédication a-t-il marqué un progrès ou un recul par rapport à l'ancienne foi romaine ? Ce sont là des questions complexes et délicates, qui demanderaient à être analysées minutieusement et traitées avec précaution en conservant un sentiment exact des nuances. Je dois me borner ici à un aperçu rapide qui, comme toute généralisation, paraîtra, je le crains, trop sec et trop absolu.

Ce ne sont pas ou ce ne sont qu'accessoirement les doctrines particulières des mystères d'Isis et Sérapis sur la nature et le pouvoir de la divinité qui ont assuré leur triomphe. Certes, le clergé se plaisait à célébrer les vertus sans pareilles de ses dieux et des « arétalogies », dont plusieurs nous sont parvenues, énuméraient complaisamment les prodiges accomplis par eux. C'était un moyen de propagande efficace pour attirer des fidèles vers ces puissances célestes, capables d'exaucer tous leurs vœux et d'apporter un remède à tous les maux. Mais d'autres cultes, comme celui d'Esculape, guérisseur incomparable, n'étaient pas moins fertiles en miracles, et la pratique des temples reposait sur un fondement théorique sans consistance.

On a fait observer que la théologie égyptienne était toujours restée à « l'état fluide », ou, si l'on préfère, chaotique. Elle est composée d'un amalgame de légendes disparates, d'un agrégat de dévotions particulières, comme l'Égypte elle-même l'est d'une collection de nomes. Cette religion n'a jamais formulé un système cohérent de dogmes généralement acceptés. Des conceptions et des traditions opposées y coexistent, et toute la subtilité du clergé n'a pas réussi, ou, pour mieux dire, ne s'est jamais appliquée à fondre en une synthèse harmonieuse des éléments irréconciliables. Le principe de contradiction n'existe pas pour ce peuple. Toutes les croyances hétérogènes qui ont dominé dans les divers cantons et aux diverses époques d'une très longue histoire se maintiennent concurremment et forment dans les livres sacrés une inextricable confusion.

Il n'en fut guère autrement dans le culte occidental des divinités alexandrines. Il avait au premier rang de son clergé, tout comme en Égypte, des « prophètes » qui dissertaient doctement sur le religion, mais qui jamais n'enseignèrent un système théologique exclusivement admis. Le scribe sacré Chérémon, qui devint précepteur de Néron, retrouvait dans les traditions sacerdotales de sa patrie les théories stoïciennes. Lorsque c'est l'éclectique Plutarque qui parle du caractère des dieux égyptiens, celui-ci s'accorde à merveille avec la philosophie de Plutarque; lorsque c'est le néoplatonicien Jamblique, avec celle de Jamblique. Les idées fumeuses des prêtres orientaux permettent à chacun d'y apercevoir les fantômes qu'il poursuit; la fantaisie individuelle peut se donner libre carrière et le dilettantisme des lettrés se complaire à modeler à sa guise ces conceptions malléables. Celles-ci n'avaient pas des contours assez accusés, elles n'étaient pas formulées en affirmations assez nettes pour s'imposer à la mentalité des foules. Les dieux sont tout et ne sont rien; ils se perdent dans un *sfumato*; il règne dans leur empire une anarchie et une confusion déconcertantes. L' « hermétisme », expression littéraire plutôt que facteur déterminant du syncrétisme, tenta, par un dosage, savant d'éléments grecs et orientaux, d'édifier une théologie acceptable pour tous les esprits, mais il paraît n'avoir jamais été généralement adopté dans les mystères alexandrins, qui lui sont antérieurs, et il ne put d'ailleurs échapper aux contradictions de la pensée égyptienne. Dans sa lettre au prêtre Anébon. Porphyre vitupère encore les incertitudes et la bassesse des doctrines qu'enseignait le clergé indigène. Ce n'est pas par son dogmatisme que la religion isiaque eut prise sur les âmes.

Toutefois — il faut lui reconnaître cet avantage — en vertu de sa flexibilité même, cette religion s'adapta aisément aux milieux divers où elle fut transportée, et elle jouit du privilège précieux d'être toujours en parfait accord avec la philosophie dominante. De plus, les habitudes syncrétiques de l'Égypte répondaient admirablement à celles qui s'affirmaient de plus en plus à Rome. Dès une époque très reculée, des théories hénothéistes avaient été accueillies avec faveur dans les milieux sacerdotaux, et les prêtres, tout en réservant la primauté au dieu de leur temple, admettaient qu'il pouvait posséder une foule de personnalités diverses, sous lesquelles on l'adorait simultanément. De la sorte, l'unité de l'Être suprême était affirmée par les penseurs et le polythéisme maintenu pour la foule avec ses traditions intangibles. Ainsi, Isis et Osiris avaient déjà sous les Pharaons absorbé en eux plusieurs divinités locales et pris un caractère complexe, susceptible d'une extension indéfinie. Le même processus se continue sous les Ptolémées au contact de la Grèce et de l'Asie. Isis est assimilée simultanément à Déméter, à Aphrodite, à Héra, à Sémélé, à Io, à Tyché, à l'Astarté phénicienne, à l'Atargatis syrienne, à l'Anaïtis iranienne, à toutes les déités locales du monde hellénique ou oriental. Elle est regardée comme la reine des cieux et des enfers, de la terre et des mers. Elle est « le passé, le présent et l'avenir », « la nature mère des choses, maîtresse des éléments, née à l'origine des siècles ». C'est la déesse aux myriades de noms, aux aspects infinis, aux vertus inépuisables. En un mot, elle est devenue une puissance panthée, qui à elle seule est tout, *una quae est omnia.*

Sérapis n'a pas une autorité moins haute, ni une compréhension moins vaste. Il est conçu pareillement comme un être universel dont on se plaît à affirmer qu'il est « un »: Εἷς Ζεὺς Σάραπι. Il concentre en lui toutes les énergies, bien qu'on lui attribue de préférence les fonctions de Zeus, de Pluton ou d'Hélios. Depuis de longs siècles, Osiris était adoré à Abydos à la fois comme le dieu de la fécondité et le maître du monde infernal, et ce double caractère le fit regarder de très bonne heure comme identique au Soleil qui, durant sa course diurne, fertilise la terre et qui, la nuit, parcourt les espaces souterrains. Ainsi, la conception qu'on se faisait déjà sur les bords du Nil de cette divinité de la nature s'accorda sans peine avec le panthéisme solaire, qui fut la dernière forme du paganisme romain. Mais ce ne fut pas l'Égypte qui importa ce système théologique en Occident, où il ne triompha qu'au IIe siècle de notre ère. Dans ce pays, il n'avait pas la prédominance exclusive qu'il obtint sous l'Empire, et ce n'était encore du temps de Plutarque qu'une opinion parmi beaucoup d'autres. A cet égard, l'action décisive fut exercée par les Baals syriens et par l'astrologie chaldéenne.

La théologie des mystères égyptiens suivit donc le mouvement général des idées plutôt qu'elle ne le provoqua. Il en fut de même de leur morale. Ils ne s'imposèrent pas au monde par la noblesse de leurs préceptes éthiques et par un idéal plus sublime de sainteté. On a souvent admiré la liste édifiante, dressée dans le Livre des Morts, des devoirs qu'à tort ou à raison le défunt affirmait avoir pratiqués, pour obtenir d'Osiris un jugement favorable. Cette déontologie est sans doute fort élevée, si l'on tient compte de l'époque où elle apparaît, mais elle semblera rudimentaire et presque enfantine si on la compare, je ne dis même pas aux fines analyses psychologiques des casuistes stoïciens, mais aux principes formulés par les jurisconsultes romains. D'ailleurs, dans cet ordre d'idées aussi, le maintien des contrastes les plus éclatants caractérise la mentalité égyptienne. Elle ne fut jamais choquée par toutes les cruautés et les obscénités qui souillaient la mythologie et le rituel. Certains textes sacrés, tout comme Épicure à Athènes, engagent même à jouir de la vie avant la tristesse de la mort.

Lorsqu'elle arriva en Italie, Isis n'était pas une déesse très austère. Identifiée avec Vénus, comme Harpocrate l'était avec Éros, elle fut particulièrement honorée par les femmes pour qui l'amour est une profession. Dans la ville de plaisirs qu'était alors Alexandrie, elle avait perdu toute sévérité; et à Rome cette bonne déesse resta fort indulgente aux faiblesses humaines. Juvénal la traite brutalement d'entremetteuse et ses temples avaient une réputation plus qu'équivoque; ils étaient fréquentés par les jeunes gens en quête d'aventures galantes. Apulée lui-même choisit un conte licencieux pour y faire montre de sa ferveur d'initié.

Mais l'Égypte, nous le disions, est pleine de contradictions, et quand une moralité plus exigeante demanda aux dieux de rendre l'homme vertueux, les mystères alexandrins s'offrirent à la satisfaire.

De tout temps le rituel égyptien attribuait une importance considérable à la pureté où, pour employer une expression plus adéquate, à la propreté. Avant toute cérémonie, l'officiant devait se soumettre à des ablutions, parfois à des fumigations ou à des onctions, s'imposer l'abstinence de certains mets et la continence durant un certain temps. A l'origine il n'attachait à cette cathartique aucune idée morale. Dans sa pensée, elle était un procédé pour écarter les démons malfaisants, ou elle avait simplement pour but de le mettre dans un état tel que le sacrifice pût produire l'effet attendu. Elle était alors comparable à la diète, aux douches et aux frictions que le médecin prescrit pour obtenir la santé physique. Les dispositions intérieures du célébrant étaient aussi indifférentes aux esprits célestes que l'était le mérite ou le démérite du défunt à Osiris, juge des enfers; il suffisait pour qu'il ouvrît à l'âme l'entrée des champs d'Aalou qu'elle prononçât les formules liturgiques, et si elle affirmait, selon le texte prescrit, ne point être coupable, elle était crue sur parole.

Mais dans la religion égyptienne, comme dans toutes celles de l'antiquité, la conception primitive se transforma peu à peu, et une notion nouvelle s'en dégagea lentement. On attendit des actes sacramentels la purification de taches morales, on se persuada qu'ils rendaient l'homme meilleur. Les dévotes d'Isis que Juvénal nous montre brisant la glace du Tibre pour se baigner dans le fleuve, et faisant le tour du temple sur leurs genoux ensanglantés, espèrent par ces souffrances expier leurs péchés et racheter leurs manquements (1).

Lorsqu'au IIe siècle un idéal nouveau grandit dans la conscience populaire, lorsque les magiciens eux-mêmes devinrent des gens pieux et graves, exempts de passions et d'ap-

(1) Juvénal, VI, 522 ss.

pétits, honorés pour la dignité de leur vie plus que pour leur blanche robe de lin, les vertus dont les prêtres égyptiens imposèrent la pratique furent aussi moins extérieures. On exigea plutôt la pureté du cœur que celle du corps. Le renoncement aux plaisirs sensuels fut la condition indispensable pour arriver à la connaissance de la divinité, qui était le souverain bien. Isis ne favorisait plus alors les amours illicites : dans le roman de Xénophon d'Éphèse, qui paraît dater du IIe siècle, elle protège la chasteté de l'héroïne contre toutes les embûches et assure son triomphe. L'existence entière, conformément à l'ancienne croyance, était une préparation à ce jugement formidable que Sérapis rendait

Dans la profonde nuit où tout doit redescendre ;

mais pour qu'il prononçât à l'avantage du myste, il ne suffit plus que celui-ci fût instruit du rituel funéraire, il fallût aussi que sa vie fût exempte de crimes, et le maître des enfers y assignait à chacun une place suivant ses mérites. On voit se développer la doctrine d'une rétribution future.

Seulement ici aussi, comme dans leur conception de la divinité, les mystères égyptiens ont suivi le progrès général des idées plus qu'ils ne l'ont dirigé ; ils ont été transformés par la philosophie plus qu'ils ne l'ont inspirée.

* * *

Comment un culte qui n'était réellement novateur ni dans sa théologie, ni dans sa morale, a-t-il provoqué chez les Romains à la fois tant d'hostilité et tant de ferveur ? La théologie et la morale, c'est aujourd'hui pour beaucoup d'esprits à peu près toute la religion ; mais dans l'antiquité il n'en était pas de même, et les prêtres d'Isis et de Sérapis ont conquis les âmes surtout par d'autres moyens. Ils les ont attirées, d'abord par la séduction puissante de leur rituel ; ils les ont retenues par les promesses merveilleuses de leurs doctrines eschatologiques.

Le rite chez les Égyptiens a une valeur bien supérieure à celle que nous lui attribuons de nos jours. Il a une force opérante par lui-même et quelles que soient les intentions du célébrant. L'efficacité de la prière ne dépend pas des dispositions intimes du fidèle, mais de l'exactitude des mots, du geste et de l'intonation.

Le culte ne se distingue pas nettement de la magie. Si une divinité est invoquée suivant les formes exactes, surtout si l'on sait prononcer son véritable nom, elle est contrainte d'agir selon la volonté de son prêtre. Les paroles sacrées sont une incantation qui soumet les puissances supérieures à l'officiant, quel que soit le but qu'il veuille atteindre. L'homme acquiert par la connaissance de la liturgie un pouvoir immense sur le monde des esprits. Porphyre (1) s'étonne et s'indigne de ce que les Égyptiens dans leurs oraisons osent parfois menacer leurs dieux. Dans les consécrations, l'appel du prêtre les forçait à venir animer leurs statues et sa voix créait ainsi des divinités, comme aux origines le verbe tout-puissant de Tôt avait créé le monde.

Aussi le rituel, qui communique une puissance surhumaine, se développe-t-il en Égypte avec une perfection, une abondance, une splendeur inconnues en Occident. Il a une unité, une précision et une permanence qui contrastent étrangement avec la variété des mythes, l'incertitude des dogmes et l'arbitraire des interprétations. Malgré le nombre

---

(1) Porphyre, *Epist. ad Aneb.*, 29.

énorme d'années qui les séparent, les livres sacrés de l'époque gréco-romaine reproduisent fidèlement les textes gravés autrefois sur les parois des pyramides. On accomplit encore sous les Césars avec un souci scrupuleux les antiques cérémonies qui remontent aux premiers âges de l'Égypte et dont le plus petit mot et le moindre geste ont leur importance.

Ce rituel et l'idée qu'on s'en faisait ont passé au moins en partie dans les temples latins d'Isis et de Sérapis. C'est un fait longtemps méconnu, mais qui ne peut faire aucun doute. Une première preuve en est que le clergé de ces temples est organisé comme l'était celui de l'Égypte à l'époque ptolémaïque. Il forme une hiérarchie dirigée par un grand prêtre, et qui comprend, comme sur les bords du Nil, des *prophètes* instruits dans la science divine, des *stolistes* ou *ornatrices*, chargées de vêtir les statues des dieux, des *pastophores*, qui portent dans les processions les chapelles sacrées, d'autres encore. Comme dans leur pays d'origine, ces prêtres se distinguent du commun des mortels par une tonsure, par une aube de lin ou par un froc noir, par leurs mœurs comme par leur habit. Ils se consacrent tout entiers à leur ministère et n'ont pas d'autre profession.

Ce corps sacerdotal dans le monde latin est toujours resté égyptien par son caractère, sinon par sa nationalité, parce que la liturgie qu'il devait accomplir l'était; de même, les prêtres des Baals sont des Syriens, parce que seuls ils savent comment il faut honorer les dieux de la Syrie.

Tout d'abord, comme dans la vallée du Nil, il faut célébrer un service quotidien. Les dieux égyptiens ne jouissaient que d'une éternité précaire; ils étaient sujets à la destruction et soumis aux besoins. Selon une conception très primitive, qui s'est toujours maintenue, chaque jour, sous peine de périr, ils devaient être nourris, habillés, vivifiés. Ainsi s'imposa la nécessité d'une liturgie qui fut sensiblement la même dans tous les nomes, qui resta en usage durant des milliers d'années et dont la fixité s'opposa à la multiplicité des légendes et des croyances locales.

Ce rituel quotidien, traduit en grec, puis peut-être en latin, et adapté par les fondateurs du Sérapéum à des besoins nouveaux, est fidèlement suivi dans les temples romains des dieux alexandrins. La cérémonie essentielle est restée « l'ouverture » *(apertio)* du sanctuaire, c'est-à-dire qu'à l'aube on découvrait aux fidèles la statue de la divinité enfermée dans le naos, qui était fermé et scellé la nuit. Puis, toujours comme en Égypte, le prêtre allumait le feu sacré et faisait des libations d'une eau qu'on vénérait comme celle du Nil déifié, en psalmodiant les hymnes d'usage, accompagnés par le son des flûtes et coupés par le cliquetis des sistres. Enfin, « debout sur le seuil — je traduis littéralement un passage de Porphyre (1) — il éveille le dieu en l'appelant en langue égyptienne ». Le dieu est donc, comme sous les Pharaons, ranimé par le sacrifice, et à l'appel de son nom il sort du sommeil. Le nom est, en effet, indissolublement lié à la personnalité; celui qui sait prononcer le vrai nom d'un individu ou d'une divinité se fait obéir d'eux comme un maître de son esclave. De là, la nécessité de conserver la forme originale de ce vocable mystérieux. L'introduction d'une foule d'appellations barbares dans les incantations magiques n'a pas d'autre motif.

Il est probable que chaque jour aussi, comme dans le rituel égyptien, on procédait à la toilette de la statue, on l'habillait, on la coif-

---

(1) Porphyre, *De Abstin*, IV, 9.

fait. Nous avons vu que ces soins étaient spécialement confiés à des « ornatrices » ou « stolistes ». L'idole était couverte de vêtements somptueux, chargée de bijoux et de gemmes, que leurs vertus surnaturelles apparentaient à la divinité. Une inscription nous a conservé l'inventaire des joyaux que portait une Isis à Guadix près de Grenade (1) : sa parure est plus brillante que celle d'une madone espagnole.

Toute la matinée, depuis le moment où une acclamation bruyante avait salué le lever du soleil, les images des dieux étaient offertes à l'adoration muette des initiés. L'Égypte est le pays d'où la dévotion contemplative a pénétré en Europe. Puis, dans l'après-midi, se célébrait un second service, qui était celui de la clôture du sanctuaire.

Cette liturgie quotidienne devait être fort absorbante. Elle introduisit dans le paganisme romain une innovation grosse de conséquences. On ne sacrifiait plus seulement au dieu à telle ou telle occasion, mais deux fois chaque jour longuement. La dévotion tendait, comme chez les Égyptiens, qu'Hérodote proclamait déjà le plus religieux de tous les peuples, à remplir

---

(1) C. I. L., II, 3386 = Dessau, *Inscr. sel.*, 4422.

toute l'existence et à dominer les intérêts privés et publics. La reproduction constante des mêmes prières entretenait et renouvelait la foi, et l'on vivait pour ainsi dire perpétuellement sous le regard de la divinité.

Aux rites journaliers s'opposent, dans le rituel d'Abydos, les fêtes du début des saisons, lesquelles revenaient tous les ans à date fixe. Il en était de même en Italie. Les calendriers nous ont conservé les noms de plusieurs d'entre elles, et le rhéteur Apulée nous a laissé de l'une d'elles, le *Navigium Isidis*, une description brillante où, pour parler comme les anciens, il vide tous ses tubes de couleurs. Le 5 mars, au moment où se rouvrait la navigation interrompue durant les mois d'hiver, une procession magnifique se dirigeait vers le rivage, et l'on faisait glisser dans les flots un vaisseau consacré à Isis, protectrice des marins. Un groupe burlesque de personnages travestis ouvrait le cortège, puis venaient les femmes en robe blanche, semant des fleurs; les stolistes, agitant les ustensiles de toilette de la déesse; les dadophores tenant des torches allumées; les hymnodes dont les chants alternés se mêlaient au son aigu des flûtes traversières et au tintement des sistres d'airain, puis la foule pressée des initiés et les prêtres, la tête rasée, vêtus de robes de lin d'une blancheur éclatante et portant les images des dieux à figure animale avec des symboles étranges, ou bien une urne d'or contenant l'eau divine du Nil. On s'arrêtait devant des reposoirs, où ces objets sacrés étaient offerts à la vénération des fidèles. Le faste somptueux et bizarre déployé dans ces fêtes laissait dans la plèbe avide de spectacles une impression inoubliable.

Mais de toutes les solennités isiaques, la plus émouvante et la plus suggestive était la commémoration de l' « Invention d'Osiris » *(Inventio,* Εὕρεσις*)*. Ses antécédents remontent à une antiquité très reculée. Dès l'époque de la XIIe dynastie et sans doute bien auparavant on célébrait à Abydos et ailleurs une représentation sacrée, analogue aux mystères du moyen âge, qui reproduisait les péripéties de la passion et de la résurrection d'Osiris. Nous en avons conservé le rituel : le dieu sortant du temple tombait sous les coups de Set; on simulait autour de son corps les lamentations funèbres, on l'ensevelissait selon les rites; puis Set était vaincu par Horus, et Osiris, à qui la vie était rendue, rentrait dans son temple après avoir triomphé de la mort.

C'était le même mythe qui, chaque année, du 26 octobre au 3 novembre, était présenté à Rome sous des formes traditionnelles. Isis, accablée de douleur, cherchait au milieu des plaintes désolées des prêtres et des fidèles le corps divin d'Osiris, dont les membres avaient été dispersés par Typhon. Puis, le cadavre retrouvé, reconstitué, ranimé, c'était une longue explosion de joie, une jubilation exubérante dont retentissaient les temples et les rues — au point d'importuner les passants

Ce désespoir et cet enthousiasme collectifs agissaient fortement sur le sentiment des fidèles, comme la fête du printemps dans la religion phrygienne, et par les mêmes moyens. Mais, de plus, on y attachait un sens ésotérique dont n'était instruite qu'une élite pieuse. A côté des cérémonies publiques il y avait un culte secret, auquel on n'était admis qu'à la suite d'une initiation graduelle. Trois fois le héros d'Apulée doit se soumettre à cette épreuve pour obtenir la révélation intégrale. Déjà en Égypte certains rites, certaines interprétations n'étaient communiqués par le clergé que moyennant la promesse de n'en rien divulguer; c'était le cas précisément pour le culte d'Isis à Abydos et ailleurs. Lorsque les

Ptolémées réglèrent le rituel grec de leur nouvelle religion, celle-ci prit la forme des mystères répandus dans le monde hellénique et fut rapprochée en particulier de ceux d'Éleusis. Ici se fit sentir l'intervention de l'Eumolpide Timothée.

Mais si le cérémonial des initiations, la représentation même du drame liturgique furent ainsi accommodés aux habitudes religieuses des Grecs, le contenu doctrinal des mystères alexandrins resta foncièrement égyptien. Conformément aux vieilles croyances, on crut toujours obtenir l'immortalité par une identification du défunt avec Osiris ou Sérapis.

Chez aucun peuple peut-être ne se vérifie, aussi pleinement que chez les Égyptiens ce mot de Fustel de Coulanges (1) : « La mort fut le premier mystère, il mit l'homme sur la voie des autres mystères. » Nulle part la vie ne fut à ce point dominée par la préoccupation de l'au-delà; nulle part on ne prit des soins aussi minutieux et aussi compliqués pour assurer et conserver aux défunts une autre existence. La littérature funéraire, dont nous avons retrouvé des documents en nombre infini,

---

(1) *La cité antique*, I, ch. II fin.

avait acquis un développement sans pareil, et l'architecture d'aucun peuple n'a élevé des tombeaux comparables aux pyramides ou aux sépultures rupestres de Thèbes.

Ce souci constant d'assurer à ses proches et à soi-même une vie après cette vie se manifesta sous des formes variées, mais l'espoir d'une existence au delà du tombeau s'affirma surtout dans le culte d'Osiris. Le destin d'Osiris, dieu mort et ressuscité, finit par devenir le prototype de celui de tout être humain qui observait les rites des funérailles. « Aussi vrai qu'Osiris vit, dit un texte égyptien, lui aussi vivra; aussi vrai qu'Osiris n'est pas anéanti, lui non plus ne sera pas anéanti. »

Le mort donc, s'il a servi pieusement Osiris-Sérapis, sera assimilé à lui, il partagera son éternité dans le royaume souterrain, où siège le juge des défunts. Il survivra non seulement comme une ombre ténue ou comme un esprit subtil, mais en pleine possession de son corps comme de son âme. Telle fut la doctrine égyptienne et telle fut certainement aussi celle des mystères pratiqués dans le monde gréco-latin.

Par l'initiation, le myste renaissait à une vie surhumaine et devenait l'égal des immortels.

Dans son extase, il croyait franchir le seuil de la mort et contempler face à face les dieux de l'enfer et ceux du ciel. Après le trépas, s'il a accompli exactement les prescriptions que, par la bouche de leurs prêtres, lui imposent Isis et Sérapis, ceux-ci prolongeront sa vie au delà de la durée que lui ont assignée les destins, et il pourra éternellement dans leur royaume souterrain participer à leur béatitude et leur offrir ses hommages. La « volupté ineffable » qu'il ressent à la vue des images sacrées du temple deviendra un perpétuel ravissement quand, au lieu du simulacre, il jouira de la présence divine, et qu'attachée étroitement à elle son âme inassouvie s'abreuvera des délices de cette ineffable beauté.

Lorsque sous la République les mystères alexandrins se répandirent en Italie, aucune religion n'avait encore apporté aux hommes une promesse aussi formelle d'immortalité bienheureuse, et c'est là surtout ce qui leur communiqua une irrésistible puissance d'attraction. Au lieu des opinions flottantes et contradictoires des philosophes sur la destinée de l'âme, Sérapis offrait une certitude fondée sur une révélation divine et corroborée par la foi des générations innombrables qui s'y étaient attachées. Ce que les Orphiques avaient confusément entrevu à travers le voile des légendes et enseigné à la Grande-Grèce, à savoir que cette vie terrestre est une épreuve qui prépare à une autre vie plus haute et plus pure, que le bonheur d'outre-tombe peut être assuré par des rites, des observances, révélés par les dieux eux-mêmes, tout cela était maintenant prêché avec une fermeté et une précision jusqu'alors inconnues. C'est surtout par ces doctrines eschatologiques que l'Égypte a conquis le monde latin et en particulier les foules misérables sur qui pesait douloureusement le poids de toutes les iniquités de la société romaine.

La puissance, la popularité de ces croyances sur la vie future a laissé des traces jusque dans notre langue, et, en terminant cette étude où j'ai dû forcément m'abstenir de tout détail pittoresque, je voudrais indiquer comment un mot français perpétue encore obscurément le souvenir des vieilles idées égyptiennes.

Durant la froide nuit de leurs longs hivers, les Scandinaves ont rêvé d'un Walhalla où, dans des salles bien closes et brillamment illuminées, les guerriers défunts s'échauffaient en buvant la liqueur capiteuse servie par les Walkyries; sous le ciel brûlant de l'Égypte, au bord de sables arides où le voyageur succombe dévoré par la soif, ce qu'on souhaite au mort pour ses pérégrinations posthumes, c'est qu'il trouve une source limpide pour éteindre l'ardeur qui le dévore et qu'il soit rafraîchi par les souffles du vent du nord. A Rome même, les fidèles des dieux alexandrins inscrivent souvent sur leurs tombes le souhait : « Qu'Osiris te donne l'eau froide. » Cette eau devint bientôt au figuré la fontaine de vie qui versait aux âmes altérées l'immortalité. La métaphore entre si bien dans l'usage qu'en latin *refrigerium* finit par être synonyme de réconfort et de béatitude. L'expression continua à être employée avec ce sens dans la liturgie de l'Église, et c'est pourquoi, aujourd'hui encore, bien que le paradis chrétien ne ressemble guère aux champs d'Aalou, on continue à prier pour le « rafraîchissement » spirituel des trépassés.

V

LA SYRIE

Les cultes syriens n'eurent jamais en Occident la cohésion de ceux de l'Égypte ou de l'Asie Mineure. Ils y arrivèrent à des époques différentes, comme les vagues successives d'une marée montante, de la côte de Phénicie et des vallées du Liban, de la frontière de l'Euphrate et des oasis du désert, et ils vécurent dans le monde romain sans se confondre, malgré leurs similitudes. L'isolement où ils se maintinrent, l'attachement persistant de leurs fidèles à leurs rites spéciaux sont une conséquence et comme une image du morcellement de la Syrie elle-même, où les diverses tribus et les divers cantons restèrent plus distincts que partout ailleurs, même quand ils eurent été confondus sous la domination de

Rome. Ils gardèrent avec ténacité leurs dieux locaux comme leurs dialectes sémitiques.

Il serait impossible de marquer ici d'un trait distinctif et individuel chacun de ces cultes particuliers et de reconstituer son histoire — l'insuffisance de nos informations ne le permettrait pas — mais nous pouvons indiquer en général les voies par lesquelles ils pénétrèrent à des dates différentes dans les pays occidentaux et essayer de définir leurs caractères communs, en nous attachant à montrer ce qu'apporta de nouveau aux Romains le paganisme syrien.

La première divinité sémitique que l'Italie apprit à connaître fut Atargatis — souvent confondue avec l'Astarté phénicienne — qui possédait un temple fameux à Bambyce ou Hiérapolis, non loin de l'Euphrate, et qui, en dehors de la ville sainte, était adorée avec son époux Hadad dans une grande partie de la Syrie. Aussi les Grecs la regardèrent-ils comme la déesse syrienne ($\Sigma\upsilon\rho\iota\alpha$ $\theta\varepsilon\alpha$) par excellence, et dans les pays latins elle fut connue vulgairement sous le nom de *dea Syria*, qui dans la bouche du peuple finit même par se corrompre en *Iasura*.

On se rappellera les descriptions peu édifiantes que Lucien et Apulée (1) nous ont laissées de ses prêtres ambulants. Conduits par un vieil eunuque de mœurs équivoques, une troupe de jeunes gens maquillés court les grands chemins, portant sur un âne l'image parée de la déesse. Passent-ils dans un bourg ou devant une riche villa, aussitôt ils se livrent à leurs exercices sacrés. Au son strident de leurs flûtes syriennes, ils tournoient et se trémoussent convulsivement, la tête renversée, en poussant de rauques clameurs, puis quand le vertige les a saisis, que l'insensibilité est complète, ils se flagellent éperdument, se percent de leurs glaives, s'inondent de leur sang devant la foule rustique, dont le cercle se resserre autour d'eux, et font enfin parmi les spectateurs fascinés une fructueuse collecte. Ils reçoivent dans les plis de leur large robe des jarres de lait et de vin, des fromages et de la farine, avec de la menue monnaie de bronze et même quelques pièces d'argent. A l'occasion, ils savent aussi augmenter leurs profits par d'habiles larcins ou en débitant pour un prix modique des oracles familiers.

Ce tableau pittoresque, qui remonte à un

---

(1) Lucien, *Lucius*, 35 ss.; Apul., *Metam.*, VIII, 24 ss.

roman de Lucius de Patras, est sans doute poussé très au noir. On a peine à croire que le sacerdoce de la déesse d'Hiérapolis n'ait été qu'un ramassis de charlatans et de maraudeurs. Mais comment expliquer la présence en Occident de ce bas clergé mendiant et nomade ?

Il est certain que les premiers adorateurs de la déesse Syrienne dans le monde latin furent des esclaves. Les guerres contre Antiochus le Grand avaient eu pour effet le transport en Italie d'une foule de prisonniers, qui, selon l'usage, furent vendus à l'encan, et l'on a mis en relation avec ce fait la première apparition en Italie des *Chaldaei* — c'est-à-dire des diseurs de bonne aventure orientaux qui se réclamaient de l'astrologie chaldéenne. Ces devins trouvaient des clients crédules parmi les valets de ferme, et le grave Caton engage le bon propriétaire à les éconduire (1).

Dès le IIe siècle av. J.-C., l'introduction d'esclaves syriens se faisait également par le commerce. Délos était alors le grand entrepôt de cette denrée humaine, et précisément dans cette île, Atargatis fut vénérée par des citoyens d'Athènes et de Rome, en même temps que

(1) Caton, *De agric.*, V, 4.

d'autres déités sémitiques. La traite propagea son culte en Occident. Nous savons que la grande révolte servile qui désola la Sicile en 134 av. J.-C. fut provoquée par un esclave d'Apamée, serviteur de la « déesse syrienne ». Simulant une fureur sacrée, il appela ses compagnons aux armes, comme sur un ordre reçu du ciel. Ce détail, que nous apprenons par hasard, montre combien était considérable alors la proportion des Sémites dans les équipes qui exploitaient les champs et de quelle autorité Atargatis jouissait dans ces milieux ruraux. Trop pauvres pour élever des temples à leur divinité nationale, ces ouvriers agricoles attendaient, pour faire leurs dévotions, qu'une troupe de galles ambulants passât par le bourg lointain où les avait relégués le hasard des enchères. L'existence de ces prêtres itinérants dépendait donc du grand nombre de compatriotes qu'ils rencontraient partout dans les campagnes et qui les faisaient vivre en leur sacrifiant une partie de leur pauvre pécule.

A la fin de la République, la considération qui entourait ces devins à Rome semble avoir été assez sérieuse. Une pythonisse de Syrie indiquait à Marius les sacrifices qu'il devait accomplir.

Sous l'Empire, l'importation des esclaves syriens devient plus considérable encore. L'Italie dépeuplée a de plus en plus besoin de bras étrangers, et la Syrie fournit un fort contingent à l'immigration forcée des cultivateurs. Mais ces Syriens, vifs, dociles, intelligents autant que robustes et laborieux, occupent bien d'autres fonctions. Ils remplissent les innombrables emplois domestiques dans les hôtels de l'aristocratie et sont particulièrement appréciés comme porteurs de litière. L'administration impériale et celle des municipalités, les gros entrepreneurs qui prennent à ferme le produit des douanes et des mines, les embauchent ou les achètent en foule, et jusqu'aux provinces frontières les plus lointaines on trouve le *Syrus* au service du prince, des villes ou des particuliers. Le culte de la déesse syrienne profita largement de ce courant économique qui lui amenait sans cesse de nouveaux fidèles. Elle est nommée au Ier siècle de notre ère, dans une inscription romaine qui se rapporte précisément au marché des esclaves (1), et nous savons que Néron eut un caprice dévot pour cette étrangère, que bientôt il délaissa.

---

(1) C. I. L., VI, 399.

Dans le quartier populaire du Transtévère, près d'une source sacrée, sur la pente du Janicule, elle eut depuis cette époque une chapelle qui, deux fois reconstruite et amplifiée, devait recevoir les offrandes de ses dévots jusqu'à la fin du paganisme.

Cependant, à l'époque impériale, les esclaves ne sont plus les seuls missionnaires qui viennent de Syrie, et Atargatis n'est plus la seule divinité de ce pays qui soit adorée en Occident. Alors la propagation des cultes sémitiques s'opère surtout d'une autre façon.

Au début de notre ère, on vit les négociants syriens, les *Syri negotiatores*, entreprendre une véritable colonisation des provinces latines. Déjà, au IIe siècle av. J.-C., les marchands de cette nationalité avaient fondé des comptoirs sur la côte d'Asie Mineure, en Macédoine, au Pirée, dans l'Archipel. Ils avaient à Délos, petite île, mais grande place de commerce, des associations de marchands qui adoraient leurs dieux nationaux, en particulier Hadad et Atagartis. Mais les guerres qui troublèrent l'Orient à la fin de la République, et surtout l'extension de la piraterie, ruinèrent le commerce maritime et arrêtèrent le mouvement d'émigration. Celui-ci reprit avec une puissance nouvelle quand la fondation de l'Empire eut assuré la sécurité des mers et que le trafic du Levant acquit un développement jusqu'alors inconnu. On peut suivre l'histoire des établissements syriens dans les provinces latines depuis le Ier jusqu'au VIIIe siècle, et l'on commence depuis peu à apprécier à sa véritable valeur leur importance économique, sociale et religieuse.

L'esprit de lucre des Syriens était proverbial. Actifs, souples, habiles, souvent peu scrupuleux, partout ils savaient faire d'abord de petites, puis de grosses affaires. Profitant des aptitudes spéciales de leur race, ils parvinrent à s'établir sur toutes les côtes de la Méditerranée jusqu'en Espagne : une inscription de Malaga fait mention d'une corporation formée par eux (1) et dans le chef-lieu de la Bétique, à Cordoue, on vient de mettre au jour une dédicace grecque à leurs dieux sémitiques (2). Ils avaient des comptoirs en Sicile, à Syracuse et à Messine, où relâchaient les navires du Levant, et ils affluèrent dans les ports d'Italie, où le négoce était surtout actif, à Pouzzoles au Ier siècle, plus tard à Naples et à Ostie. Dans

(1) I. G. XIV, 2540.
(2) *Syria*, V, 1924, p. 242 ss.

l'Adriatique, à Aquilée, à Trieste, à Salone, ils échangeaient leurs denrées contre les produits des pays danubiens. Mais ils ne se confinèrent pas sur le rivage ; leur activité mercantile les entraîna au loin dans l'intérieur des terres, partout où ils avaient l'espoir de trafiquer avantageusement. Ils suivirent les voies commerciales et remontèrent le cours des grands fleuves. Ils pénétrèrent par le Danube jusqu'en Pannonie, par le Rhône jusqu'à Lyon. En Gaule, cette population était particulièrement dense : dans ce pays inexploité, qui venait d'être ouvert au commerce, on pouvait s'enrichir rapidement. Un rescrit découvert dans le Liban est a dressé aux mariniers d'Arles, chargés du transport du blé (1), et l'on a trouvé à Genay dans l'Ain une épitaphe bilingue d'un marchand du IIIe siècle, Thaïm ou Julien, fils de Saad, décurion de la cité de Canatha dans le Haurân, qui possédait des factoreries dans le bassin du Rhône, où il importait les marchandises d'Aquitaine (2). A Besançon, une Syrienne pieuse faisait construire un temple à Mercure, dieu du négoce et des voyages. Les Syriens se répandirent

(1) C. I. L., III Suppl., 14165[8] = Dessau, 6987.
(2) I. G., XIV, 2532 = C. I. L., XIII, 2448.

ainsi dans toute la province jusqu'à Trèves, la grande capitale du Nord, où leur colonie était puissante. Même les invasions des Barbares au ve siècle n'arrêtèrent pas leur immigration. Saint Jérôme nous les montre parcourant le monde romain au milieu des troubles de l'invasion, séduits par l'appât du gain jusqu'à braver tous les dangers. Dans la société barbare, l'influence de cet élément civilisé et citadin augmenta encore. Sous les Mérovingiens, vers 591, ils étaient assez puissants à Paris pour faire élire évêque un des leurs et s'emparer de tous les offices ecclésiastiques. Grégoire de Tours (1) raconte que, lors de l'entrée du roi Gontrand à Orléans, en 585, on entendait la foule chanter ses louanges « dans la langue des Latins, des Juifs et des Syriens ». Il fallut, pour faire disparaître ces colonies de marchands, que les corsaires sarrasins eussent ruiné le commerce de la Méditerranée.

Ces établissements exercèrent une action profonde sur la vie économique et matérielle des provinces latines, en particulier de la Gaule et de l'Afrique, où l'introduction du chameau

(1) Grég., *Hist. Fr.*, VIII, 1.

permit d'aller chercher par caravanes à travers le Sahara l'or et l'ivoire du Soudan : Comme banquiers, les Syriens concentrèrent entre leurs mains une grande partie du commerce de l'argent et ils monopolisèrent l'importation des denrées du Levant et celle des articles de luxe; ils vendaient des fruits secs, de l'huile et des vins, des épices et des aromates, des verreries et des soieries, des tissus de pourpre et des pierres précieuses, et aussi des pièces d'orfèvrerie, qui servirent de modèles aux artisans indigènes. Leur influence morale et religieuse ne fut pas moins considérable : ainsi, l'on a montré comment, à l'époque chrétienne, ils favorisèrent le développement de la vie monastique et comment la dévotion au crucifix, qui grandit par opposition aux monophysites, fut introduite par eux en Occident; durant les cinq premiers siècles, les chrétiens éprouvèrent une invincible répugnance à représenter le Sauveur du monde cloué sur un instrument de supplice plus infamant que notre guillotine. A un symbolisme vague, les Syriens substituèrent les premiers la réalité dans toute son horreur pathétique.

Au temps du paganisme, le rôle religieux joué par cette population exotique ne fut pas moins remarquable. Ces marchands se préoccupèrent toujours des affaires du ciel comme de celles de la terre. A toutes les époques, la Syrie fut une terre d'ardente dévotion, et ses enfants mirent, au premier siècle, autant de ferveur à répandre en Occident le culte de leurs dieux barbares qu'après leur conversion à propager le christianisme à travers la Perse, jusque dans le Turkestan et en Chine. Dans les îles de l'Archipel, durant la période alexandrine, comme dans les provinces latines sous l'Empire, les négociants s'empressaient de fonder, en même temps que leurs comptoirs, des chapelles où ils pratiquaient leurs rites exotiques.

Ainsi les divinités de la côte de Phénicie passèrent aisément au delà des mers. Dès le règne d'Auguste, le bel Adonis, que pleuraient les femmes de Byblos au bord du fleuve rougi par son sang, voyait célébrer à Rome ses fêtes d'amour, de deuil et d'espérance, triduum où l'on commémorait ses épousailles, sa mort tragique et sa résurrection, et où l'on ensemençait ces « jardins d'Adonis », dont la prompte germination présageait et promouvait le réveil de la nature. Ses fidèles s'associaient bruyamment au bonheur et à la désolation de Salambo, son amante, dont, jusqu'en Espagne, une procession de femmes promenait la statue dans les rues des cités romaines. Avec eux avaient débarqué des ports du Levant Balmarcodès, « le seigneur des danses » orgiaques, venu de Béryte; Marnas, le maître des pluies, adoré à Gaza, et l'on célébrait au printemps sur le rivage d'Ostie, comme en Orient, la fête aquatique et licencieuse du Maïoumas.

A côté de ces cultes à demi grécisés, d'autres plus purement sémitiques arrivèrent de l'intérieur du pays, car les marchands étaient souvent originaires de cités de l'*hinterland*, comme d'Apamée ou d'Épiphanie dans la Cœlé-Syrie, ou même de villages du plat pays. Le courant de l'émigration alla grossissant à mesure que Rome incorpora à l'Empire les petits royaumes qui conservaient au delà du Liban et de l'Oronte une indépendance précaire. En 71, la Commagène, qui s'étend entre le Taurus et l'Euphrate, fut annexée par Vespasien; peu après, les dynasties de Chalcis et d'Émèse furent pareillement privées de leur pouvoir. Néron, semble-t-il, avait déjà pris possession de Damas; un demi-siècle plus tard, Trajan constituait la nouvelle province d'Arabie (106 ap. J.-C.), et en même temps l'oasis de Palmyre, riche entrepôt des marchandises de l'Inde et de la Perse, perdit aussi son indépendance. Rome étendait ainsi son autorité directe jusqu'au cœur du désert sur des pays qui n'étaient hellénisés que superficiellement et où les dévotions indigènes avaient conservé toute leur ferveur sauvage. Des relations fréquentes s'établirent dès lors entre ces contrées, jusque-là peu accessibles, et l'Occident. Le commerce s'y développa à mesure qu'on y créa des routes, et, avec les intérêts du négoce, les besoins de l'administration provoquèrent un échange incessant d'hommes, de produits et de croyances entre ces pays excentriques et les provinces latines.

Aussi, voit-on ces annexions suivies d'un nouvel afflux de divinités syriennes en Occident. C'est ainsi qu'à Pouzzoles, où venaient aboutir les principales lignes de navigation du Levant, le Baal de Damas *(Iupiter Damascenus)* avait au IIe siècle un temple desservi par des bourgeois considérés, et Dusarès, originaire du fond de l'Arabie, s'y voyait dresser des autels et offrir deux chameaux d'or, tandis qu'Allath, « la déesse » arabe par excellence, s'identifiait avec Athéna et pénétrait jusqu'en Bétique. Ils vinrent y tenir compagnie à une divinité plus anciennement réputée, le Hadad de Baalbek-Héliopolis *(Iupiter Heliopolitanus)*, dont le temple immense, restauré par Antonin le Pieux et qui passait pour une des merveilles du monde, dresse encore en face du Liban neigeux son architecture fastueuse. Héliopolis avait été avec Béryte la plus ancienne colonie fondée en Syrie sous Auguste; son dieu participa à la position privilégiée accordée aux habitants de ces deux villes, qui l'adoraient avec une commune dévotion, et il fut, plus facilement que les autres, naturalisé romain.

La conquête de la Syrie entière jusqu'à l'Euphrate et la soumission même d'une partie de la Mésopotamie favorisèrent d'une autre façon encore la diffusion des cultes sémitiques. Les Césars allèrent chercher dans ces contrées, peuplées de races guerrières, des recrues pour l'armée impériale. Ils y levèrent un grand nombre de légionnaires et surtout des auxiliaires, qui furent transportés sur toutes les frontières. Aucune troupe n'était plus habile que ces Orientaux à tirer de l'arc en plein galop, ni plus propre à harceler l'ennemi ou, en temps de paix, à poursuivre les pillards. Cavaliers et fantassins originaires de ces provinces formaient des contingents importants dans les garnisons d'Europe et d'Afrique. Ainsi, une cohorte montée de mille archers d'Émèse est établie en Pannonie, une autre d'archers de Damas dans la Germanie supérieure; à la lisière du Sahara, dans le bassin du Danube, sur le *vallum* de Bretagne, on place des irréguliers de Palmyre, et des corps recrutés parmi les Ituréens, du Haurân jusqu'à l'Antiliban, campent à la fois en Dacie, en Germanie, en Égypte et en Cappadoce. La Commagène à elle seule ne fournit pas moins de six cohortes de cinq cents hommes, qui sont envoyées sur le Danube et en Numidie.

Le nombre des dédicaces consacrées par des soldats prouve à la fois la vivacité de leur foi et la diversité de leurs croyances. Comme les marins d'aujourd'hui, transportés sous des climats étrangers, exposés à des périls incessants, ils étaient enclins à invoquer sans cesse la protection du ciel, et ils restaient attachés aux dieux qui, dans leur lointain exil, leur rappelaient la patrie absente. Aussi n'est-il pas étonnant que les Syriens enrôlés dans l'armée aient pratiqué près de leurs camps le culte de leurs déités ancestrales. Le Baal qui régnait sur le mont Kasios, près du grand port de Séleucie de Piérie, était vénéré au loin dans le monde hellénistique; sous l'Empire, tandis qu'Hadrien montait lui sacrifier à l'aurore sur la cime qui lui était consacrée, tandis que des navigateurs apprenaient son nom aux riverains de la mer Ibérique, des soldats honoraient le *Iupiter Casius* à la frontière de la Germanie. Une inscription en vers à la louange de la déesse d'Hiérapolis a été découverte au nord de l'Angleterre, près du vallum d'Hadrien (1); elle a pour auteur un préfet, probablement celui d'une cohorte d'*Hamii*, stationnée en cet endroit.

Les militaires ne sont pas tous, comme cet officier, venus grossir les rangs des fidèles qui adoraient des divinités depuis longtemps adoptées dans les cités latines. Ils en ont aussi apporté de nouvelles, arrivées de plus loin encore que leurs devancières, des confins mêmes du monde barbare, car c'est là surtout qu'on pouvait recruter des hommes aguerris. Ce seront, par exemple, *Baltis*, une « Notre-Dame » de l'Osrhoène au delà de l'Euphrate; *Aziz*, le « dieu fort » d'Édesse, assimilé à l'étoile Lucifer; *Malakhbel*, le « messager du

(1) C. I. L., VII, 759; Bücheler, *Carm. epigr.*, 24.

Seigneur », patron des Palmyréniens, qui apparaît avec divers compagnons à Rome, en Numidie, en Dacie. Le plus célèbre de ces dieux est, à cette époque, le Jupiter de Doliché, une petite ville de la Commagène, qui lui dut son illustration. Grâce aux troupes originaires de cette contrée, ce Baal obscur, dont aucun écrivain ne mentionne le nom, trouva des adorateurs dans toutes les provinces romaines, jusqu'en Afrique, en Germanie et en Bretagne. Le nombre des dédicaces connues qui lui sont consacrées dépasse la centaine, et il s'accroît tous les jours. Primitivement, un dieu de la foudre, représenté brandissant une hache debout sur un taureau (p. 230), ce génie local de l'orage s'éleva au rang de divinité tutélaire des armées impériales. Ancien protecteur des forgerons, partout où l'on affinait et trempait le fer, il devint naturellement celui qu'invoquaient les soldats pour le succès de leurs armes.

La diffusion des cultes sémitiques en Italie, qui commença insensiblement sous la République, s'intensifia surtout à partir du Ier siècle de notre ère. Leur expansion et leur multiplication furent rapides, et ils atteignirent l'apogée de leur puissance au IIIe siècle.

Leur influence devint presque prépondérante quand l'avènement des Sévères leur valut l'appui d'une cour à demi syrienne. Les fonctionnaires de tout ordre, les sénateurs et les officiers rivalisèrent de piété envers les dieux protecteurs de leurs souverains et protégés par ceux-ci. Des princesses intelligentes et ambitieuses. — Julia Domna, Julia Mæsa, Julia Mamæa, — dont l'ascendant intellectuel fut si considérable, se firent les propagatrices de leur religion nationale. On connaît le pronunciamento audacieux qui, en 218, mit sur le trône un enfant de quatorze ans, serviteur du Baal d'Émèse, l'empereur Héliogabale. Il voulut donner à son dieu barbare, jusqu'alors presque inconnu, la primauté sur tous les autres. Les auteurs anciens racontent avec indignation comment ce prêtre couronné voulut élever sa pierre noire, idole grossière apportée d'Émèse, au rang de divinité souveraine de l'Empire en lui subordonnant tout l'ancien panthéon; ils ne tarissent pas en détails révoltants sur le débordement de débauches auquel les fêtes du nouveau *Sol invictus Elagabal* servaient de prétexte. A la vérité, on peut se demander si les historiens romains, très hostiles à l'étranger qui prétendait faire dominer partout les usages de sa patrie, n'ont pas en partie dénaturé ou méconnu la réalité des faits. La tentative d'Héliogabale pour faire reconnaître son dieu comme le dieu suprême, pour établir dans le ciel une sorte de monothéisme, pareil à la monarchie qui régnait sur la terre, fut sans doute trop violente, maladroite et prématurée, mais elle répondait aux aspirations du temps, et l'on doit se souvenir que non seulement à Rome, mais dans tout l'Empire, des colonies et des troupes syriennes pouvaient servir d'appui à la politique impériale.

Un demi-siècle plus tard, Aurélien s'inspirait de la même pensée en créant un nouveau culte du « Soleil invincible ». Adoré dans un temple splendide par des pontifes égalés aux anciens pontifes de Rome, fêté tous les quatre ans par des jeux magnifiques, *Sol invictus* était, lui aussi, élevé au rang suprême dans la hiérarchie divine et devenait le protecteur spécial des empereurs et de l'Empire. Le pays où Aurélien trouva le modèle qu'il chercha à reproduire fut encore la Syrie. Selon sa conviction, le dieu solaire qu'adoraient ses ennemis les avait abandonnés pour assurer son triomphe, et il transporta dans son nouveau sanctuaire une image de Bêl, emportée de Palmyre, vaincue par ses armes.

**

Ainsi les souverains, à deux reprises, voulurent remplacer par un dieu sémétique le Jupiter capitolin, faire d'un culte sémitique le culte principal et officiel des Romains. Ils proclamaient la déchéance de la vieille idolâtrie latine au profit d'un autre paganisme emprunté à la Syrie. Quelle supériorité reconnaissait-on donc aux croyances de ce pays ? Pourquoi même un général d'Illyrie, comme Aurélien, allait-il y chercher le type le plus parfait de la religion païenne ? Voilà le problème qui se pose et qui ne pourra être résolu que si l'on se rend un compte exact de ce qu'étaient devenues sous l'Empire les croyances des Syriens.

C'est là une question encore mal élucidée. En dehors de l'opuscule, très superficiel, de Lucien sur la *dea Syria* nous ne trouvons guère de renseignements dignes de créance dans les écrivains grecs ou latins. L'ouvrage de Philon de Byblos, interprétation évhémériste d'une prétendue cosmogonie phénicienne, est un alliage de très mauvais aloi. Nous ne possédons pas non plus, comme pour l'Égypte, les recueils originaux des vieilles liturgies sémitiques. Ce que nous avons appris, nous le devons surtout aux inscriptions, et si celles-ci fournissent des indications précieuses sur la date et l'aire d'expansion de ces cultes, elles sont presque muettes sur leurs doctrines. La lumière doit être attendue ici de fouilles pratiquées dans les grands sanctuaires de Syrie et aussi d'une interprétation plus exacte des monuments figurés, que nous possédons déjà en assez grand nombre, notamment de ceux du Jupiter Dolichénus.

Cependant, dès à présent, certains caractères du paganisme sémitique peuvent être reconnus, et il faut l'avouer, si on le jugeait sur les apparences qui frappent tout d'abord, on l'apprécierait défavorablement.

Il était resté en lui un fonds d'idées très primitives, de naturisme aborigène, qui s'était maintenu à travers de longs siècles et devait persister en partie sous le christianisme et l'islamisme jusqu'à nos jours — cultes des hauts lieux sur lesquels une enceinte rustique marque parfois la limite du territoire consacré — culte des eaux, qui s'adresse à la mer, aux rivières qui coulent des montagnes, aux sources qui jaillissent du sol, aux étangs, aux lacs et aux puits, où l'on jette pareillement les offrandes, soit qu'on vénère en eux la boisson qui désaltère et vivifie ou bien l'humeur féconde de la terre — culte des arbres qui ombragent les autels et que nul ne peut abattre ou mutiler — culte des pierres et surtout des pierres brutes appelées « bétyles » et qui, leur nom l'indique *(beth-El)*, sont regardées comme la demeure du dieu ou, pour mieux dire, la matière où le divin s'incorpore. C'est sous la forme d'une pierre conique qu'Aphrodite-Astarté était adorée à Paphos, et un aérolithe noir, couvert de saillies et d'empreintes, auxquelles on attachait un sens symbolique, représentait Élagabal et fut transporté, nous le rappelions, d'Émèse à Rome.

En même temps que les plantes ou les objets inanimés, auxquels on prêtait une vie mystérieuse, les animaux recevaient leur tribut d'hommages. Jusqu'à la fin du paganisme et même bien au delà se sont perpétuées des survivances d'une antique zoolâtrie. Souvent les dieux sont représentés debout sur des animaux : ainsi le Baal de Dolichè se tient sur un taureau, et sa parèdre sur un lion. Autour de certains temples, une quantité de bêtes sauvages erraient en liberté dans un parc sacré, souvenir du temps où elles passaient pour divines. Deux animaux surtout étaient l'objet d'une vénération générale : la colombe et le poisson. La colombe, dont les multitudes vagabondes accueillaient le voyageur débarquant à Ascalon et dont les blancs tourbillons s'ébattaient dans les parvis de tous les sanctuaires d'Astarté, appartenait, pour ainsi dire, en propre à la déesse de l'amour, dont elle est restée le symbole, et au peuple qui adorait avec prédilection cette maîtresse des voluptés.

Quid referam ut volitet crebas intacta per urbes
Alba Palaestino sancta columba Syro ? (1)

Le poisson était consacré à Atargatis, sans doute représentée primitivement elle-même sous cette forme, comme Derceto le resta toujours à Ascalon. Il était nourri dans des viviers à proximité des temples, et une crainte superstitieuse empêchait de le toucher, car la déesse punissait le sacrilège en couvrant son corps d'ulcères et de tumeurs. Mais dans certains

(1) Tibulle I, 7, 17.

repas mystiques les prêtres et les initiés consommaient cette nourriture prohibée et croyaient ainsi absorber la chair de la divinité elle-même. Cette adoration et ces usages, répandus en Syrie, ont inspiré à l'époque chrétienne le symbolisme de l'Ichthys.

Mais au-dessus de cette couche inférieure et primordiale, qui affleurait encore par endroits, des croyances moins rudimentaires s'étaient formées. A côté des objets matériels et des animaux, le paganisme syrien vénérait aussi et surtout des divinités personnelles. On a reconstitué avec ingéniosité le caractère des dieux adorés primitivement par les tribus sémitiques. Chacune a son Baal et sa Baalat qui la protège et auxquels ses membres seuls peuvent rendre un culte. Le nom de *Ba'al*, « maître », résume la conception qu'on se fait de lui. Il est regardé d'abord comme le souverain de ses fidèles, et sa situation à leur égard est celle d'un potentat oriental par rapport à ses sujets; ils sont ses serviteurs ou, pour mieux dire, ses esclaves. Le Baal est en même temps le « maître » ou propriétaire de la terre où il réside et qu'il fertilise en y faisant jaillir les sources. Ou bien son domaine est le firmament, il est le *dominus cæli*, d'où il fait tomber les eaux supérieures dans le fracas des orages. Toujours on l'unit à une « reine » céleste ou terrestre, et il est, en troisième lieu, le « seigneur » ou l'époux de la « dame » qui lui est associée. L'un représente le principe masculin, l'autre le principe féminin; ils sont les auteurs de toute fécondité, et par suite le culte de ce couple divin prend souvent un caractère sensuel et voluptueux.

Nulle part, en effet, l'impudeur ne s'étalait aussi crûment que dans les temples d'Astarté, dont les servantes honoraient la déesse avec d'inlassables ardeurs. Les prostitutions sacrées n'ont été en aucun pays aussi développés qu'en Syrie, et en Occident on ne les trouve guère qu'où les Phéniciens les ont importées, comme au mont Éryx. Ces égarements, où l'on persévéra jusqu'à la fin du paganisme, doivent peut-être s'expliquer par la constitution primitive de la tribu sémitique, et l'usage religieux dut être à l'origine une des formes de l'exogamie, qui obligeait la femme à s'unir d'abord à un étranger. On crut aussi que l'union sexuelle de femmes engagées au service de la divinité, qui personnifiait toutes les énergies reproductrices de la nature, favorisait par sympathie la fertilité des campagnes et la fécondité des troupeaux.

De plus, seconde tare, aucune religion n'a pratiqué aussi longtemps les sacrifices humains, immolant, pour plaire à des dieux cruels, des enfants et des hommes faits. Hadrien eut beau interdire ces offrandes meurtrières, elles se maintinrent dans certaines cérémonies clandestines et dans les bas-fonds de la magie jusqu'à la chute des idoles et même plus tard. Elles correspondaient aux idées d'une époque où la vie d'un captif ou d'un esclave n'était pas plus précieuse que celle du bétail. La liturgie la plus évoluée en conserva des traces : dans le temple du Janicule, on découvrit une calotte cranienne placée dans une cavité ménagée au fond de l'abside sous la statue divine; c'est, semble-t-il, une survivance du vieux rituel de fondation, qui faisait enterrer des victimes humaines sous les murailles des constructions nouvelles, un simulacre remplaçant l'ancien meurtre religieux.

Ces usages sacrés, et beaucoup d'autres sur lesquels Lucien insiste avec complaisance dans son opuscule sur la déesse d'Hiérapolis, faisaient ainsi revivre journellement dans les temples de Syrie les mœurs d'un passé barbare. De toutes les vieilles conceptions qui avaient régné successivement dans le pays, aucune n'avait complètement disparu. Comme en Égypte, des croyances de date et de provenance très diverses coexistaient, sans qu'on cherchât ou sans qu'on réussît à les accorder. La zoolâtrie, la litholâtrie, toutes les dévotions naturistes y survivaient à la sauvagerie qui les avait créées. Les dieux étaient restés plus qu'ailleurs des chefs de clan, parce que l'organisation en tribus subsistait plus vivace et plus développée que dans toute autre région : sous l'Empire, beaucoup de cantons sont encore soumis à ce régime et commandés par des « ethnarques » ou « phylarques ». La religion, qui sacrifiait à la divinité la vie des hommes et la pudeur des femmes, était demeurée sous bien des rapports au niveau moral de peuplades insociables et sanguinaires. Ses rites obscènes et atroces provoquèrent un soulèvement exaspéré de la conscience romaine quand Héliogabale tenta de les introduire en Italie avec son Baal d'Émèse.

Comment donc expliquer que les dieux syriens se soient néanmoins imposés à l'Occident et fait accepter des Césars eux-mêmes ? C'est que le paganisme sémitique, pas plus que celui de l'Égypte, ne doit être jugé uniquement d'après certaines pratiques qui semblent révoltantes et qui perpétuaient au milieu de la civilisation la barbarie et les puérilités d'une société inculte. Comme en Égypte, il faut distinguer entre la dévotion populaire, infiniment diverse, enfermée dans ses coutumes locales, et la religion sacerdotale. La Syrie possédait une quantité de grands sanctuaires où un clergé instruit méditait et dissertait sur la nature des êtres divins et sur le sens de traditions héritées de lointains aïeux. Il s'efforçait constamment — son intérêt même le lui commandait — d'amender les traditions sacrées, d'en modifier l'esprit quand la lettre était immuable, afin qu'elles répondissent aux aspirations nouvelles d'une époque plus avancée, et il avait ses mystères et ses initiés à qui il révélait une sagesse supérieure aux croyances vulgaires de la foule.

On peut souvent tirer d'un même principe des conséquences diamétralement opposées. C'est ainsi que la vieille idée du *tabou*, qui transforma, ce semble, les maisons d'Astarté en maisons de débauche, devint aussi la source d'un code sévère de morale. Les tribus sémitiques étaient hantées de la crainte du tabou. Une multitude de choses étaient impures ou sacrées, car, dans la confusion originelle, ces deux notions n'étaient pas nettement différenciées. La faculté qu'a l'homme d'user pour ses besoins de la nature qui l'environne était ainsi limitée par une foule de prohibitions, de restrictions, de conditions. Celui qui touche un objet interdit est souillé et corrompu; ses semblables s'écartent de lui, et il ne peut plus participer au sacrifice. Pour effacer cette tache, il devra recourir à des ablutions ou à d'autres cérémonies connues des prêtres. La pureté, conçue d'abord comme purement matérielle, devient bientôt rituelle et enfin spirituelle. La vie est enveloppée d'un réseau de prescriptions circonstanciées, dont toute violation entraîne une déchéance et exige une pénitence. La préoccupation de se maintenir toujours en état de sainteté, ou de le recouvrer quand on l'a perdu, occupe toute l'existence. Elle n'est pas particulière aux Sémites, mais ils lui ont accordé une valeur primordiale. Et les dieux, qui possèdent nécessairement cette qualité d'une manière éminente, sont par excellence des êtres « saints » (ἅγιοι).

Ainsi, l'on réussit souvent à dégager de vieilles croyances, instinctives et absurdes, des principes de conduite et des dogmes de foi. Toutes les doctrines théologiques qui se répandaient en Syrie modifiaient l'antique conception qu'on se faisait des Baals. Mais il est infiniment difficile, dans l'état actuel de nos connaissances, de déterminer la part des influences diverses qui, depuis les conquêtes d'Alexandre jusqu'à la domination romaine, contribuèrent à faire du paganisme syrien ce qu'il était devenu sous les Césars. La civilisation de l'empire des Séleucides est mal connue, et nous ne pouvons déterminer ce qu'y produisit l'alliance de la pensée grecque avec les traditions des Sémites. Les religions des peuples voisins eurent aussi sur les croyances indigènes une action indéniable. La Phénicie et le Liban restèrent tributaires de l'Égypte au point de vue moral, longtemps après qu'ils se furent affranchis de l'antique suzeraineté des Pharaons. La théogonie de Philon de Byblos emprunte à ce pays des dieux et des mythes, et Hadad était honoré à Héliopolis suivant des rites qui tenaient à la fois de ceux des Syriens et de ceux des Égyptiens. Le monothéisme rigoureux des Juifs dispersés dans tout le pays dut agir aussi comme un ferment actif de transformation.

Mais Babylone surtout conserva son antique hégémonie intellectuelle, même après sa déchéance politique. La puissante caste sacerdotale qui y régnait ne fut pas détruite avec l'indépendance de sa patrie, et elle survécut aux conquêtes d'Alexandre, comme elle s'était maintenue sous la domination perse. Les recherches des assyriologues ont prouvé la persistance de son ancien culte sous les Séleucides et, du temps de Strabon, les « Chaldéens » disputaient encore dans les écoles rivales de Borsippa et d'Orchoè sur les premiers principes et la cosmologie. L'ascendant de ce clergé érudit s'exerça sur toutes les contrées d'alentour, à l'est sur la Perse, au nord sur la Cappadoce; mais plus que nulle part ailleurs, il s'imposa aux Syriens, qui étaient unis aux Sémites orientaux par la communauté de la langue et du sang. Même quand les Parthes eurent arraché aux Séleucides la vallée de l'Euphrate, les rapports avec les grands temples de cette région restèrent ininterrompus. Les plaines de la Mésopotamie, peuplées de races congénères, s'étendaient des deux côtés d'une frontière que n'avait pas marquée la nature;

de grandes voies commerciales suivaient le cours des fleuves jumeaux qui descendent vers le golfe Persique ou elles coupaient à travers le désert, et les pèlerins venaient de Babylone, nous dit Lucien (1), faire leurs dévotions à la Dame de Bambyce.

Les relations spirituelles entre le judaïsme et cette grande métropole religieuse furent constantes depuis l'époque de l'Exil. A la naissance du christianisme, elles se manifestèrent par l'éclosion de sectes gnostiques, où la mythologie sémitique formait avec les idées juives et grecques des combinaisons étranges et servait de fondement à des constructions extravagantes. Enfin, au déclin de l'Empire, c'est encore de Babylonie que sortit la dernière religion orientale qui fut accueillie dans le monde latin : le manichéisme. On peut se figurer combien l'action de ce pays dut être puissante sur le paganisme syrien.

Cette action se manifesta sous diverses formes. Elle introduisit d'abord des dieux nouveaux : ainsi Bêl passa du panthéon babylonien dans celui de Palmyre et fut honoré dans toute la Syrie du Nord. Elle provoqua

---

(1) *De dea Syria*, 10.

aussi des groupements nouveaux d'anciennes divinités : on ajouta au couple primitif du Baal et de la Baalat un troisième membre pour former une de ces triades qu'affectionnait la théologie chaldéenne. Ce fut le cas à Hiérapolis comme à Héliopolis, dont les trois dieux, Hadad, Atargatis et Simios, deviennent dans les inscriptions latines Jupiter, Vénus et Mercure. Enfin et surtout l'astrolâtrie modifia profondément le caractère des puissances célestes, et, par une conséquence ultérieure, celui du paganisme romain tout entier. Elle leur donna d'abord à côté de leur nature propre une seconde personnalité; les mythes sidéraux vinrent s'inscrire en surcharge sur les mythes agraires, et peu à peu les effacèrent. L'astrologie, née sur les bords de l'Euphrate, s'imposa même en Égypte au clergé hautain et inabordable du plus conservateur de tous les peuples. La Syrie l'accueillit sans réserve et se donna à elle tout entière; c'est ce dont témoignent aussi bien la littérature que la numismatique et l'archéologie : ainsi, le roi Antiochus de Commagène, qui mourut en 34 av. J.-C., s'était bâti sur un éperon du Taurus un tombeau monumental, où il plaça à côté des images de ses divinités ancestrales son horoscope figuré sur un grand bas-relief, et le plafond de la cella du temple de Bêl, construit à Palmyre sous le règne de Tibère, nous montre au centre le buste du Soleil entouré de ceux des six autres planètes.

L'importance qu'eut l'introduction des cultes syriens en Occident est donc qu'ils y apportèrent indirectement certaines doctrines théologiques des Chaldéens, comme Isis et Sérapis y transportèrent d'Alexandrie des croyances de la vieille Égypte. L'Empire romain reçut successivement le tribut religieux des deux grands peuples qui avaient autrefois dominé le monde oriental. Il est caractéristique que le dieu qu'Aurélien ramena d'Orient pour en faire le protecteur de ses États (p. 179), Bêl, soit en réalité un Babylonien, émigré à Palmyre, entrepôt cosmopolite que sa situation semblait prédestiner à devenir l'intermédiaire entre la civilisation de la vallée de l'Euphrate et celle du bassin de la Méditerranée.

L'action qu'exercèrent les spéculations des Chaldéens sur la pensée gréco-romaine peut être affirmée avec certitude, mais non encore strictement définie. Elle fut à la fois scientifique et religieuse, littéraire et populaire. Des néo-pythagoriciens, comme Numénius, et l'école néoplatonicienne, surtout depuis Jamblique, se réclament de ces maîtres vénérables, sans qu'une tradition fragmentaire permette de mesurer exactement ce qu'ils leur doivent. Un recueil de vers, souvent cité depuis le IIIe siècle sous le nom d' « Oracles chaldaïques » (Λόγια Χαλδαϊκά), combine les théories philosophiques des Grecs avec un mysticisme fantastique, certainement importé d'Orient. Il est à la Babylonie ce que la littérature hermétique est à l'Égypte, et il est pareillement difficile de déterminer la nature de chacun des ingrédients que le rédacteur du poème a fait entrer dans ses compositions poétiques. Celles-ci devaient devenir à la fin du paganisme la Bible des théurges platoniciens et de leur culte mystérieux. Mais auparavant déjà les prêtres syriens avaient, par leur propagande dans les masses, largement répandu en Occident des idées nées sur les bords lointains de l'Euphrate, et je voudrais essayer d'indiquer brièvement ici quel fut leur rapport dans le syncrétisme païen.

Nous avons vu que les dieux d'Alexandrie avaient séduit les âmes surtout par la promesse d'une immortalité bienheureuse. Ceux de la Syrie durent certainement aussi satisfaire des préoccupations qui tourmentaient alors tous les esprits. A la vérité, les vieilles idées sémitiques sur la destinée dans l'au-delà étaient peu consolantes. On sait combien leur conception de la vie d'outre-tombe était triste, terne, désespérante. Les morts descendent dans un royaume souterrain où ils mènent une existence misérable, pâle reflet de celle qu'ils ont perdue ; sujets aux besoins et à la souffrance, ils doivent être sustentés par les offrandes funèbres que leurs descendants font sur leur sépulture. Ce sont là d'antiques croyances et d'antiques usages qui se retrouvent dans la Grèce et l'Italie primitives.

Mais à cette eschatologie rudimentaire se substitua une tout autre conception, qui était en relation étroite avec l'astrologie chaldéenne et qui se répandit avec elle en Occident vers la fin de la République. Suivant cette doctrine, l'âme de l'homme après la mort remonte au ciel pour y vivre au milieu des étoiles divines. Tant qu'elle séjourne ici-bas, elle est soumise à toutes les exigences amères d'une destinée déterminée par les révolutions des astres ; mais, lorsqu'elle s'élève dans les régions supérieures, elle échappe à cette nécessité et aux limites mêmes du temps ; elle participe à l'éternité des dieux sidéraux qui l'environnent et auxquels elle est égalée. Pour certains, elle était attirée par les rayons du Soleil et après avoir passé par la Lune, où elle se purifiait, elle allait se perdre dans l'astre étincelant du jour. Une théorie plus purement astrologique, et qui est sans doute un développement de la première, enseignait que les âmes descendaient sur la terre du haut du ciel en traversant les sphères des sept planètes et acquéraient ainsi les dispositions et les qualités propres à chacun de ces astres. Après le trépas, elles retournaient par le même chemin à leur première demeure. Pour parvenir d'une sphère à la suivante, elles devaient franchir une porte gardée par un commandant (ἄρχων) ou, comme l'on disait aussi, des frontières surveillées par des « douaniers » (τελώνια). Seules, celles des initiés connaissaient le mot de passe qui fléchissait ces gardiens incorruptibles, et sous la conduite d'un dieu psychopompe montaient sûrement de zone en zone. A mesure qu'elles s'élevaient, elles se dépouillaient « comme de vêtements » des passions et des facultés qu'elles avaient reçues en s'abaissant ici-bas et, débarrassées de tout vice et de toute sensualité, pénétraient dans le huitième ciel pour y jouir, essences subtiles, d'une béatitude sans fin.

Peut-être cette dernière doctrine, qui est indubitablement d'origine babylonienne, n'a-t-elle pas été acceptée généralement dans tous les cultes syriens, comme elle le fut dans les mystères de Mithra, mais certainement tous ces cultes, imprégnés d'astrologie, répandirent la croyance que les âmes des fidèles qui avaient vécu pieusement s'élevaient jusqu'aux sommets des cieux, où une apothéose les rendait semblables aux dieux lumineux. Cette doctrine détrôna peu à peu sous l'Empire toutes les autres ; les Champs-Élysées, que les sectateurs d'Isis et Sérapis situaient encore dans les profondeurs de la terre, furent transportés dans la zone éthérée des étoiles fixes, et le monde souterrain fut dès lors réservé aux méchants, qui n'avaient pas obtenu le passage à travers les portes célestes.

Les espaces sublimes où vivent les âmes purifiées sont aussi le séjour du dieu suprême. En même temps que les idées sur la fin de l'homme, l'astrologie transforma celles qu'on se faisait de la nature de la divinité. C'est surtout par là que les cultes syriens furent originaux; car si les mystères alexandrins pouvaient offrir aux hommes des perspectives d'immortalité aussi réconfortantes que l'eschatologie de leurs rivaux, ils ne se haussèrent que tardivement jusqu'à une théologie équivalente. A la vérité, quatorze cents ans avant notre ère, Aménophis IV avait déjà essayé d'établir en Égypte l'autorité exclusive du dieu solaire, et l'on pourrait citer de nombreux textes hiéroglyphiques où apparaît une certaine notion de l'éternité et l'universalité divines. Mais à l'époque romaine, le clergé de la vallée du Nil était atteint de la même décrépitude qui avait abaissé toute sa nation, et ses doctrines religieuses les plus avancées, telles que nous les trouvons exprimées dans les livres hermétiques, forment une théologie confuse et contradictoire, où de larges emprunts aux spéculations des Grecs sont accrochés tant bien que mal à des traditions indigènes. Aux Sémites revient l'honneur d'avoir réformé le plus radicalement l'ancien fétichisme et formulé un système logiquement construit et appuyé sur la science astronomique de leur époque. Leurs conceptions étroites et basses, au moment où nous pouvons d'abord les saisir, s'élargissent et s'élèvent jusqu'à atteindre à une sorte de monothéisme.

Les tribus syriennes, nous l'avons vu, adoraient comme presque toutes les peuplades primitives un dieu du ciel et de la foudre. Il ouvrait les réservoirs du firmament pour faire tomber la pluie et fendait les arbres géants des forêts à l'aide de la double hache, qui resta toujours son attribut. Lorsque les progrès de l'astronomie reculèrent les constellations à des distances incommensurables, le « Baal des cieux » *(Baʿal-sammîn)* dut nécessairement grandir en majesté. Sans doute, à l'époque des Achéménides, un rapprochement avec l'Ahoura-Mazda des Perses, ancien dieu de la voûte céleste devenu la plus haute puissance physique et morale, favorisa la transformation du vieux génie du Tonnerre. On continua à adorer en lui le ciel matériel, il est encore sous les Romains dit simplement *Cælus*, aussi bien que « Jupiter céleste » *(Iupiter Cælestis,* Ζεὺς Οὐράνιος), mais c'est un ciel dont une science sacrée étudie et vénère le mécanisme harmonieux. Les Séleucides le représentent sur leurs monnaies le front surmonté d'un croissant et portant un soleil à sept rayons, pour rappeler qu'il préside au cours des astres; ailleurs, il est accosté de deux Dioscures, parce que ces héros qui, suivant le mythe grec, participaient alternativement à la vie et à la mort, étaient devenus des personnifications des deux hémisphères célestes. Cette uranographie religieuse plaça dans la région la plus élevée du monde la résidence de la divinité suprême; elle lui donna pour siège la zone la plus éloignée de la terre, au-dessus de celles des planètes et des étoiles fixes. C'est ce qu'on entendit exprimer par le nom de Très-Haut (Ὕψιστος) qu'on appliqua aussi bien aux Baals syriens qu'à Jéhovah. Suivant la théologie de cette religion cosmique, le Très-Haut a pour séjour l'orbe immense qui contient les sphères de tous les astres et embrasse l'univers entier, soumis à sa domination. Les Latins traduisirent le nom de cet « Hypsistos » par *Iupiter summus exsuperantissimus*, pour montrer sa prééminence sur tous les êtres divins.

Son pouvoir, était, en effet, infini. Le postulat primordial de l'astrologie chaldéenne, c'est que tous les phénomènes et les événements de ce monde sont déterminés nécessairement par des influences sidérales. Les changements de la nature comme les dispositions des hommes sont soumis fatalement aux énergies divines qui résident dans le ciel. En d'autres termes, les dieux sont « tout-puissants »; ils sont les maîtres du Destin qui gouverne souverainement l'univers. Cette notion de leur omnipotence apparaît comme le développement de l'antique autocratie qu'on reconnaissait aux Baals. Ceux-ci étaient conçus, nous l'avons dit, à l'image d'un monarque asiatique, et la terminologie religieuse se plaisait à faire ressortir l'humilité de leurs serviteurs par rapport à eux. On ne trouve en Syrie rien d'analogue à ce qui existait en Égypte, où le prêtre croyait pouvoir contraindre ses dieux à agir et osait même les menacer (p. 147). La distance qui sépare l'humain et le divin fut toujours beaucoup plus large chez les Sémites, et l'astrologie vint seulement la marquer davantage en lui donnant un fondement doctrinal et une apparence scientifique. Les cultes asiatiques répandirent dans le monde latin la conception de la souveraineté absolue, illimitée, de Dieu sur la terre. Apulée (1) appelle la déesse syrienne *omnipotens et omniparens*, « toute-puissante et toute féconde ».

En outre, l'observation des cieux étoilés

---

(1) Apulée, *Met.*, VIII, 25.

avait conduit les Chaldéens à la notion de l'éternité divine. La constance des révolutions sidérales fit conclure à leur perpétuité. Les astres poursuivent sans cesse leur course toujours inachevée; parvenus au terme de leur carrière, ils reprennent sans trêve la route déjà parcourue, et les cycles d'années, selon lesquels se produisent leurs mouvements, se prolongent à l'infini dans le passé et se succéderont à l'infini dans l'avenir. Ainsi un clergé d'astronomes conçut nécessairement le Baal « seigneur du ciel » comme étant — ces titres reviennent constamment dans les inscriptions sémitiques — le « maître de l'éternité » ou « celui dont le nom est loué dans l'éternité ». Les astres divinisés ne meurent pas, comme Osiris ou comme Attis; chaque fois qu'ils semblent s'affaiblir, ils renaissent à une vie nouvelle, toujours invincibles *(invicti)*.

Cette notion théologique pénétra avec les mystères des Baals de Syrie dans le paganisme occidental. Presque toujours, quand on trouve dans les provinces latines une dédicace à un *deus æternus*, il s'agit d'un dieu sidéral syrien et, fait remarquable, ce n'est qu'au iie siècle de notre ère que cette épithète entre dans l'usage rituel, en même temps que se propage le culte du dieu Ciel *(Cælus)*. Les philosophes avaient eu beau placer depuis longtemps la Cause première en dehors des limites du temps, leurs théories n'avaient pas pénétré dans la conscience populaire, ni réussi à modifier le formulaire traditionnel des liturgies. Pour le peuple, les divinités étaient toujours des êtres plus beaux, plus vigoureux, plus puissants que les hommes, mais nés comme eux et soustraits seulement à la vieillesse et au trépas, les Immortels du vieil Homère. Les prêtres syriens vulgarisèrent dans le monde romain l'idée que Dieu est sans commencement et sans fin et contribuèrent ainsi, parallèlement au prosélytisme juif, à donner l'autorité d'un dogme religieux à ce qui n'était auparavant qu'une théorie métaphysique.

Les Baals sont universels comme ils sont éternels et leur pouvoir devient sans limite dans l'espace comme dans le temps. Les deux idées sont corrélatives; le titre de *mar ͑âlam*, qu'ils portent parfois, peut être traduit par « seigneur de l'univers » comme par « seigneur de l'éternité », et l'on s'est complu certainement à revendiquer pour eux cette double qualité. Les cieux, peuplés de constellations divines et parcourus par les planètes assimilées aux habitants de l'Olympe, déterminent par leurs mouvements les destinées de tout le genre humain, et la terre entière est soumise aux changements que provoquent leurs révolutions. Dès lors, le vieux *Baʿal-sammîn* se transforme nécessairement en une puissance universelle. Sans doute il subsistait encore en Syrie sous les Césars des vestiges d'une époque où, fétiche d'un clan, le dieu local ne pouvait être adoré que par ses membres, et où les étrangers n'étaient admis auprès de ses autels qu'après une cérémonie d'initiation, à titre de frères ou du moins d'hôtes et de clients. Mais, dès que s'ouvre pour nous l'histoire des grandes divinités d'Héliopolis ou d'Hiérapolis, elles sont regardées comme communes à tous les Syriens, et une foule d'étrangers viennent de lointains pays en pèlerinage dans ces villes saintes. C'est comme protecteurs de l'humanité entière que les Baals ont fait des prosélytes en Occident, et y ont réuni dans leurs temples des fidèles de toute race et de toute nationalité. Ils se distinguent nettement à cet égard de Jéhovah.

Il est de l'essence du paganisme que la nature d'une divinité s'élargit en même temps que la quantité de ses fidèles augmente. Chacun lui attribue quelque qualité nouvelle, et son caractère se complique à mesure que se multiplie le nombre de ses adorateurs. En devenant plus puissante, elle tend aussi à se soumettre les dieux qui l'entourent et à concentrer en soi leurs fonctions. Pour résister à l'absorption qui les menace, ceux-ci doivent posséder une personnalité fortement accusée, un caractère très original. Or, les vagues déités des Sémites étaient dépourvues de cette individualité nettement tranchée. On ne trouve pas chez eux, comme dans l'Olympe hellénique, une société bien organisée d'immortels, ayant chacun sa physionomie propre, sa vie indépendante, riche en aventures et en expériences et exerçant un métier particulier à l'exclusion des autres : celui-ci médecin, celui-là poète, un troisième berger ou chasseur ou forgeron. Les dédicaces grecques qu'on trouve en Syrie sont à cet égard d'une concision éloquente : elles portent d'ordinaire le nom de Zeus, accompagné d'une simple épithète : κύριος « Seigneur », ἀνίκητος « invincible », μέγιστος « très grand ». Tous ces Baals paraissent frères. Ce sont des personnages aux contours indéterminés, des valeurs interchangeables, et ils furent aisément confondus.

Au moment où les Romains entrèrent en contact avec elle, la Syrie avait déjà traversé une période de syncrétisme analogue à celle que nous pouvons étudier avec plus de précision dans le monde latin. Le vieil exclusivisme, le particularisme national étaient vaincus. Les Baals des grands sanctuaires s'étaient enrichis des vertus de leurs voisins, puis, le même processus se poursuivant, ils avaient emprunté certains traits aux divinités étrangères, apportées par les conquérants grecs. Leur caractère était ainsi devenu indéfinissable; ils remplissaient des fonctions incompatibles et possédaient des attributs inconciliables. Une inscription trouvée en Bretagne (1) assimile la déesse syrienne à la Paix, à la Vertu, à Cérès, à la Mère des dieux et même au signe de la Vierge.

Les dieux sémitiques tendaient ainsi conformément à la loi qui préside au développement du paganisme, à devenir des « Panthées », embrassant tout dans leur compréhension et identifiés avec la nature entière. Les diverses déités ne sont plus que des aspects différents sous lesquels se fait connaître l'Être suprême et infini. La Syrie, restée dans la pratique

---

(1) C. I. L., VII, 759 = Bücheler, *Carm. epigr.*, 24.

profondément et même grossièrement idolâtre, se rapprochait cependant théoriquement du monothéisme ou, si l'on préfère, de l'hénothéisme. Par une étymologie absurde, mais significative, le nom de Hadad était expliqué comme signifiant « un, un » *('ad'ad)*.

On trouve partout dans le polythéisme, étroit et morcelé, une tendance confuse qui le pousse à s'élever vers une synthèse supérieure, mais en Syrie l'astrologie donna à des velléités, indécises ailleurs, la fermeté d'une conviction raisonnée. La cosmologie chaldéenne qui défie tous les éléments, mais attribue une action prépondérante aux astres, domine tout le syncrétisme syrien. Elle considère le monde comme un grand organisme dont les diverses parties, unies par une solidarité intime, agissent et réagissent les unes sur les autres. La divinité peut donc être regardée, ainsi que le croyaient les anciens Sémites, comme incorporée dans les eaux, dans le feu de la foudre, dans les pierres ou les plantes. Mais les dieux les plus puissants sont les constellations et les planètes qui régissent le cours des temps et des choses, et surtout le Soleil, qui, menant le chœur des étoiles, est le roi et le guide de tous les autres luminaires et l'arbitre du monde tout entier. La science des « Chaldéens », c'est-à-dire des prêtres-astronomes de l'époque hellénistique, enseignait que ce globe incandescent attirait et repoussait tour à tour les autres corps sidéraux, et les théologiens orientaux en avaient conclu que, réglant les mouvements des cieux, il déterminait par suite chacun des phénomènes de la nature et était l'auteur de tous les changements de l'univers. « Cœur du monde », il était le foyer de l'énergie divine qui remplissait ce grand organisme jusqu'à ses extrémités ; « lumière intelligente » (φῶς νοερόν), il était spécialement le créateur de la raison humaine, et de même que tour à tour il écartait et ramenait à lui les planètes, ainsi par une suite d'émissions et d'absorptions, il envoyait, croyait-on, à la naissance les âmes dans les corps qu'elles animaient et après la mort les faisait remonter dans son sein.

Plus tard, lorsqu'on plaça le siège du Très-Haut au delà des limites de l'univers, l'astre radieux qui nous éclaire devint l'image sensible de la puissance suprême, la source de toute vie et de toute intelligence, l'intermédiaire entre un Dieu inaccessible et les hommes, celui à qui les foules réservaient de préférence leurs hommages.

Le panthéisme solaire qui, durant la période hellénistique, grandit ainsi parmi les Syriens sous l'influence de l'astrolâtrie chaldéenne, s'imposa sous l'Empire au monde romain tout entier. En esquissant ici très rapidement la constitution de ce système théologique, nous avons fait connaître en même temps la dernière forme que prit l'idée de Dieu dans le paganisme. Rome eut ici la Syrie pour maîtresse et pour devancière. Une divinité unique, toute-puissante, éternelle, universelle, ineffable, qui se rend sensible dans toute la nature, mais dont le Soleil est la manifestation la plus splendide et la plus énergique, telle est la dernière formule à laquelle aboutit la religion des Sémites païens et à leur suite celle des Romains. Il ne restait qu'une attache à rompre, en isolant hors des bornes du monde cet Être suprême qui résidait dans un ciel lointain, pour aboutir au monothéisme chrétien. Ainsi nous constatons ici encore comment la propagation des cultes orientaux a aplani les voies au christianisme et annoncé son triomphe. L'astrologie, qui fut toujours combattue par l'Église, avait cependant préparé les esprits à accueillir les dogmes que la foi nouvelle allait proclamer.

VI

LA PERSE

Le fait capital qui domine toute l'histoire de l'Asie antérieure dans l'antiquité, c'est l'opposition de la civilisation gréco-romaine et de celle de l'Iran, épisode de la grande lutte qui s'est toujours poursuivie dans ces contrées entre l'Orient et l'Occident. Les Perses, dans le premier élan de leurs conquêtes, étendent leur domination jusque sur les villes d'Ionie et sur les îles de la mer Égée; mais leur force d'expansion vient se briser au pied de l'Acropole. Cent cinquante ans après, Alexandre détruit l'empire des Achéménides et porte la culture hellénique jusqu'aux bords de l'Indus. Les Parthes Arsacides, deux siècles et demi plus tard, se sont de nouveau avancés vers les confins de la Syrie, et Mithridate Eupator, prétendu descendant de Darius, pénètre à la tête de la noblesse perse du Pont jusqu'au cœur de la Grèce. Après le flux, le reflux; l'Empire romain, reconstitué par Auguste, soumet bientôt à une sorte de vassalité l'Arménie, la Cappadoce et le royaume des Parthes lui-même. Mais, depuis le milieu du IIIe siècle, les Sassanides rendent à l'Iran sa puissance et font valoir ses antiques prétentions. Dès lors, jusqu'au triomphe de l'Islam, se poursuit un long duel entre deux États rivaux, dont chacun est tantôt vainqueur, tantôt vaincu, mais sans jamais être abattu, deux États qui, selon le mot d'un ambassadeur du roi Narsès à Galère, étaient « les deux yeux du genre humain ».

L'astre « invincible » des Perses peut pâlir et s'éclipser, mais pour reparaître toujours plus éclatant. La force politique et militaire que ce peuple conserve à travers les siècles est le résultat et la manifestation de ses hautes qualités intellectuelles et morales. Sa culture originale resta toujours rebelle à une assimilation que subirent à des degrés divers les Aryens de Phrygie, comme les Sémites de Syrie et les Chamites d'Égypte. L'hellénisme et l'*iranisme* — si je puis employer ce terme —

étaient deux adversaires de même noblesse, mais d'éducation différente, qui s'estimaient réciproquement tout en se combattant. Il est significatif qu'Alexandre ait songé à associer les Perses à ses Macédoniens dans le gouvernement de son Empire : c'étaient les deux peuples de maîtres, seuls dignes de commander aux autres populations de l'Asie. Mais cette union fut bientôt brisée et les deux nations restèrent désormais séparées par une hostilité instinctive de race autant que par une opposition héréditaire d'intérêts.

Toutefois, il était inévitable qu'entre deux civilisations restées en contact durant plus de mille ans se produisissent des échanges multiples. L'action éducatrice qu'exerça l'hellénisme dans toute l'Asie antérieure et jusque dans l'Inde a souvent été mise en lumière, mais on n'a peut-être pas montré aussi exactement combien fut grand à travers les âges le prestige de l'Iran, combien étendu le rayonnement de son énergie. Les recherches de ces dernières années ont montré son influence s'étendant à travers le Turkestan jusqu'en Chine et pénétrant, d'autre part, toute la culture de la Russie méridionale, où la propagèrent les Scythes et les Sarmates.

Car si le mazdéisme fut l'expression la plus haute de son génie, et si son ascendant fut par suite surtout religieux, il ne le fut cependant pas exclusivement.

Le souvenir de l'empire des Achéménides continua, longtemps après leur disparition, de hanter l'esprit des successeurs d'Alexandre. Non seulement les dynasties, soi-disant issues de Darius, qui régnaient sur le Pont, la Cappadoce et la Commagène, cultivèrent les traditions politiques qui les rapprochaient de leurs ancêtres supposés, mais même les Séleucides et les Ptolémées les adoptèrent en partie, comme héritiers légitimes des anciens maîtres de l'Asie. On se rappelait volontiers un idéal de grandeur passée, et l'on cherchait à le réaliser dans le présent. Plusieurs institutions furent ainsi transmises aux empereurs romains par l'intermédiaire des monarchies asiatiques. Ainsi celle des *amici Augusti*, amis attitrés et conseillers intimes des princes, adopta en Italie les formes qu'elle avait prises à la cour des diadoques, qui avaient eux-mêmes imité l'antique organisation du palais des Grands Rois. De même, la coutume de porter devant les Césars le feu sacré, comme emblème de la perpétuité de leur pouvoir, remonte jusqu'à

Darius et passa avec d'autres traditions iraniennes aux dynasties qui se partagèrent l'empire d'Alexandre. La similitude non seulement de la pratique des Césars avec l'observance des monarques orientaux, mais encore des croyances qu'elles expriment, est frappante, et l'on ne saurait douter de la continuité de cette tradition politique et religieuse. A mesure que le cérémonial aulique et l'histoire interne des royaumes hellénistiques seront mieux connus, on pourra établir avec plus de précision comment la succession des Achéménides, morcelée et amoindrie, finit par être léguée à travers des générations de souverains à ces princes d'Occident qui se proclamaient, comme les Artaxerxès, les maîtres sacro-saints du monde. Sait-on encore que l'habitude de donner aux amis un baiser de bienvenue fut une cérémonie du protocole oriental, avant de devenir en Europe une habitude familière ?

Il est plus difficile de suivre les voies dérobées par lesquelles cheminent les idées pures pour passer de peuple à peuple. Mais il est certain qu'au début de notre ère certaines conceptions mazdéennes s'étaient déjà répandues au loin, en dehors de l'Asie. Sous les Achéménides, le parsisme avait eu, sur les croyances d'Israël, une action dont on peut discuter l'étendue, mais qui est indéniable. Quelques-uns de ses dogmes, comme ceux relatifs aux anges et aux démons, à la fin du monde et à la résurrection finale, furent, grâce à la diffusion des colonies juives, propagés dans tout le bassin de la Méditerranée.

D'autre part, depuis les conquêtes de Cyrus et de Darius, l'attention toujours éveillée des Grecs se porta vers les doctrines et les pratiques religieuses des nouveaux dominateurs de l'Orient. Une foule de légendes qui font de Pythagore, de Démocrite et d'autres philosophes les disciples des mages conservent le souvenir du prestige dont jouissait alors cette puissante tribu sacerdotale. La conquête macédonienne, qui mit les Grecs en rapports directs avec de nombreux sectateurs du mazdéisme, donna un stimulant nouveau à la curiosité dont cette religion était l'objet, et le grand mouvement scientifique qu'Aristote avait inauguré poussa une quantité d'érudits à s'occuper des croyances professées par les sujets iraniens des Séleucides. Un renseignement digne de créance nous apprend que les œuvres cataloguées sous le nom de Zoroastre dans la bibliothèque d'Alexandrie comprenaient deux millions de lignes, c'est-à-dire environ huit cents volumes. Cette immense littérature sacrée dut attirer l'attention des savants et provoquer les réflexions des philosophes. Tout le savoir embrouillé et superstitieux dont l'Orient avait gardé la tradition y était donné, au même titre que les vérités religieuses, comme une révélation divine : chimie, physique, botanique, médecine, minéralogie, astronomie s'y mêlaient aux spéculations cosmologiques et théologiques. Mais surtout la science trouble et équivoque qui se répandait jusque dans les classes populaires sous le nom de *magie* était, comme son nom même l'indique, en grande partie d'origine perse (p. 294), et, en même temps que des recettes d'expérimentateurs et des procédés de thaumaturges, elle enseignait confusément des doctrines sur les dieux et le monde. Il s'y joignait de prétendues prophéties, comme l'Apocalypse attribuée à Hystaspe, qui annonçait le jugement dernier et la conflagration finale de l'univers.

Ainsi, bien avant que les Romains ne prissent pied en Asie, certaines institutions des Perses avaient, dans le monde gréco-oriental, trouvé des imitateurs; certaines de leurs croyances, des adeptes. Leur action est indirecte, furtive, souvent indiscernable, mais certaine. Les agents les plus actifs de cette diffusion semblent avoir été pour le mazdéisme, comme pour le judaïsme, des colonies de fidèles qui avaient émigré loin de la mère patrie. Il y eut une *Diaspora* iranienne analogue à celle des Israélites. Des communautés de mages étaient établies non seulement dans l'est de l'Asie Mineure, mais en Galatie, en Phrygie, en Lydie et même en Égypte, et partout elles restaient attachées avec une ténacité persistante à leurs mœurs et à leurs croyances.

L'action de l'Iran devint beaucoup plus immédiate lorsque Rome étendit ses conquêtes en Asie Mineure et en Mésopotamie. Des contacts passagers avec des populations mazdéennes se produisirent à partir des guerres contre Mithridate, mais ils ne devinrent fréquents et durables qu'au Ier siècle de notre ère. C'est alors que l'Empire étendit graduellement ses annexions jusqu'à l'Euphrate supérieur, s'adjoignant ainsi tout le plateau d'Anatolie, et, au sud du Taurus, la Commagène. Les dynasties indigènes qui, malgré la vassalité où elles étaient réduites, protégeaient l'isolement séculaire de ces contrées lointaines, disparurent l'une après l'autre. Les Flaviens construisirent un immense réseau routier, à travers ces régions jusqu'alors presque inaccessibles, et ils établirent ainsi des voies de pénétration aussi importantes pour Rome que le sont, pour la Russie actuelle, les chemins de fer du Turkestan ou de la Sibérie. En même temps que les légions vinrent camper sur les bords du haut Euphrate et dans les montagnes de l'Arménie, la Palmyrène perdait son indépendance et la domination des Césars s'étendait jusqu'au delà du désert syrien. Ainsi, d'une part, tous les îlots mazdéens disséminés en Cappadoce et dans le Pont entrèrent forcément en rapports constants avec le monde latin, et, d'autre part, la disparition des États tampons de la frontière fit, à l'époque de Trajan, de l'empire romain et de celui des Parthes, des puissances limitrophes.

De ces conquêtes et de ces annexions en Asie Mineure et en Syrie date de la propagation soudaine en Occident des mystères persiques de Mithra. Car, si une communauté de leurs adeptes paraît avoir existé à Rome dès le temps de Pompée, depuis 67 av. J.-C., leur diffusion réelle ne commença qu'à partir des Flaviens vers la fin du Ier siècle de notre ère. Ils se firent de plus en plus envahissants sous les Antonins et les Sévères pour rester jusqu'à la fin du IVe siècle le culte le plus important du paganisme. C'est par leur intermédiaire que les doctrines originales du mazdéisme se répandirent le plus largement dans toutes les provinces latines, et c'est d'eux que nous avons à nous occuper en première ligne pour apprécier l'action de l'Iran sur les croyances romaines.

Mais, remarquons-le, l'influence grandissante de la Perse ne se manifeste pas seulement dans la sphère religieuse. Surtout depuis que ce pays eut, avec l'avènement de la dynastie sassanide (228 ap. J.-C.), repris conscience de sa valeur et de sa force, se fut remis à cultiver ses traditions nationales, eut réorganisé la hiérarchie d'un clergé d'État et retrouvé cette cohésion politique qui lui faisait défaut sous les Parthes, il sentit et fit sentir sa supériorité sur l'empire voisin, déchiré alors par les factions, livré au hasard des pronunciamentos, ruiné économiquement et moralement. Les études qui se poursuivent sur l'histoire de cette période si mal connue montrent de plus en plus que Rome affaiblie fut alors l'imitatrice de la Perse.

La cour de Dioclétien avec ses prosternations devant le maître égalé à la divinité, sa hiérarchie compliquée de fonctionnaires et la foule d'eunuques qui l'avilissent, est de l'aveu des contemporains une imitation de celle des Sassanides. Galère déclarait sans ambages que l'absolutisme perse devait être introduit dans son empire, et l'ancien césarisme, fondé sur la volonté populaire, parut sur le point de se transformer en une sorte de khalifat.

Des découvertes récentes ont aussi permis d'entrevoir le développement dans l'Empire parthe, puis dans l'Empire sassanide, d'une puissante école artistique, qui grandit indépendamment des centres grecs de production. Si elle emprunta à la sculpture ou à l'architecture helléniques certains modèles, elle les fondit avec des motifs orientaux dans une décoration d'une richesse exubérante. Son champ d'action s'étendit bien au delà de la Mésopotamie jusqu'au sud de la Syrie, où elle nous a laissé des monuments d'une incomparable splendeur d'ornementation, et le rayonnement de ce foyer étincelant éclaira sans doute à la fois Byzance, les barbares du Nord et la Chine.

Ainsi l'Orient iranien agit victorieusement sur les institutions politiques et sur les goûts artistiques comme sur les idées et les croyances des Romains. La propagation de la religion mithriaque, qui se proclama toujours fièrement persique, fut accompagnée d'une foule d'actions parallèles du peuple dont elle était issue. Jamais, pas même à l'époque des invasions musulmanes, l'Europe ne sembla plus près de devenir asiatique qu'au moment où Dioclétien reconnaissait officiellement en Mithra le protecteur de l'Empire reconstitué. L'époque où ce dieu parut devoir établir son autorité sur tout le monde civilisé fut une des phases critiques de l'histoire morale de l'antiquité. Une invasion irrésistible de conceptions sémitiques et mazdéennes faillit conquérir à jamais l'esprit occidental. Même quand Mithra eut été vaincu et expulsé de Rome devenue chrétienne, la Perse ne désarma pas. L'œuvre de conversion, où il avait échoué, fut reprise par le manichéisme, héritier de ses doctrines cardinales, et le dualisme iranien, propagé par les Pauliciens et les Cathares, continua jusqu'au moyen âge à provoquer des luttes sanglantes depuis l'Euphrate jusqu'à l'Atlantique.

*
* *

De même qu'on ne peut comprendre le caractère des mystères d'Isis et Sérapis sans étudier les circonstances de leur création par les Ptolémées, de même, pour saisir les causes de la puissance où atteignirent ceux de Mithra, il faut remonter à leur première formation.

Pour ceux-ci, la question est malheureusement plus obscure. Les auteurs anciens ne nous apprennent presque rien sur l'origine de Mithra. Qu'il soit un dieu perse, c'est un point sur lequel tous sont d'accord et, à défaut de leur témoignage, l'Avesta nous l'aurait appris. Mais comment est-il arrivé du plateau de l'Iran jusqu'en Italie ? Deux pauvres lignes de Plutarque (1) sont ce que nous possédons de plus explicite à cet égard. Il nous rapporte incidemment que les pirates d'Asie Mineure vaincus par Pompée accomplissaient des sacrifices étranges sur l'Olympe, un volcan de Lycie, et pratiquaient des rites occultes, entre autres ceux de Mithra, qui, dit-il « conservés jusqu'à nos jours, ont été d'abord enseignés par eux ».

(1) Plut., *V. Pompei*, 24.

Un scoliaste de Stace, Lactantius Placidus (1), écrivain d'une médiocre autorité, nous apprend encore que ce culte passa des Perses aux Phrygiens et des Phrygiens aux Romains.

Les deux auteurs s'accordent donc à placer en Asie Mineure l'origine de la religion iranienne qui se répandit en Occident, et, en effet, divers indices nous ramènent vers cette contrée. Ainsi, la fréquence du nom de Mithridate dans les dynasties du Pont, de Cappadoce, d'Arménie et de Commagène, que des généalogies fictives prétendaient rattacher aux Achéménides, montre la dévotion que ces princes professaient pour Mithra. Un des bas-reliefs découverts dans le mausolée du Nemroud-Dagh en Commagène nous montre le dieu serrant la main droite, en signe d'alliance, au roi Antiochus.

Le mithriacisme, qui fut révélé aux Romains du temps de Pompée, s'était donc constitué dans les monarchies anatoliques durant l'époque précédente, époque d'une intense fermentation morale et religieuse. Malheureusement, nous n'avons aucun monument de cette période de son histoire. L'absence de

---

(2) Lact. Plac., *Ad. St. Theb.*, IV, 717.

témoignages directs sur le développement des sectes mazdéennes durant les trois derniers siècles avant notre ère s'oppose à une connaissance sûre du parsisme d'Asie Mineure.

On n'a fouillé dans cette contrée aucun temple consacré à Mithra. Les inscriptions qui mentionnent son nom y sont jusqu'ici rares et insignifiantes. Par suite, nous ne pouvons atteindre qu'indirectement ce culte primitif qui se dérobe à nos investigations. C'est en étudiant le milieu où il naquit que nous pourrons tenter d'expliquer les caractères qui le distinguèrent en Occident.

Sous la domination des Achéménides, l'Est de l'Asie Mineure fut colonisé par les Perses. Le plateau d'Anatolie se rapprochait, par ses cultes et son climat, de celui de l'Iran et se prêtait notamment à l'élève des chevaux. La noblesse qui possédait le sol appartenait en Cappadoce et même dans le Pont, comme en Arménie, à la nation conquérante. Sous les divers régimes qui se succédèrent après la mort d'Alexandre, ces seigneurs fonciers restèrent les véritables maîtres du pays, chefs de clan administrant le canton où ils avaient leurs domaines et, au moins aux confins de l'Arménie, ils conservèrent, à travers toutes les vicissitudes politiques jusqu'à Justinien, le titre héréditaire de satrapes, qui rappelait leur origine iranienne. Cette aristocratie militaire et féodale fournit à Mithridate Eupator bon nombre des officiers qui l'aidèrent à braver si longtemps les efforts de Rome et, plus tard, elle sut défendre contre les entreprises des Césars l'indépendance, toujours menacée, de l'Arménie. Or, ces guerriers adoraient Mithra comme génie protecteur de leurs armes, et c'est pourquoi Mithra resta toujours, même dans le monde latin, le dieu « invincible », le dieu tutélaire des armées, honoré surtout par les soldats.

A côté de la noblesse perse, un clergé perse s'était établi dans la péninsule. Il desservait des temples célèbres, consacrés aux dieux mazdéens, à Zéla, dans le Pont, à Hiérocésarée de Lydie. Des mages, qu'on appelait maguséens ou « pyrèthes » (allumeurs de feu), étaient disséminés dans tout le Levant. Comme les Juifs, ils conservaient avec une fidélité scrupuleuse leurs coutumes nationales et leurs rites traditionnels, si bien que Bardesane d'Édesse, voulant réfuter les doctrines de l'astrologie et montrer qu'un peuple peut garder les mêmes mœurs sous des climats différents, invoque leur exemple. Nous connaissons suffisamment le culte qu'ils pratiquaient pour être assurés que l'auteur syriaque ne leur attribuait pas à tort cet esprit conservateur. Les sacrifices des « pyrèthes » que Strabon observa en Cappadoce, rappellent toutes les particularités de la liturgie avestique. C'étaient les mêmes prières psalmodiées devant l'autel du feu en tenant le faisceau sacré *(bareçmân)*, les mêmes oblations de lait, d'huile et de miel, les mêmes précautions pour que l'haleine de l'officiant ne souillât pas la flamme divine. Leurs dieux étaient ceux du mazdéisme orthodoxe ou peu s'en fallait. Ils adoraient Ahoura-Mazda, qui était resté à leurs yeux, comme l'étaient primitivement Zeus et Jupiter, une divinité du ciel. Au-dessous de lui, ils vénéraient des abstractions divinisées telles Vohou-Mano, la Bonne Pensée, Amérétat, l'Immortalité, dont le zoroastrisme a fait ses Amshaspands, les archanges qui entourent le Très-Haut. Enfin, ils sacrifiaient aux génies de la nature, les Yazatas, comme Anâhita ou Anaïtis, la déesse des eaux fécondantes, Atar, personnification du feu, et surtout Mithra, le pur génie de la lumière. Ainsi, le mazdéisme, un mazdéisme un peu différent de celui de l'Avesta, resté, à certains égards, plus près du naturalisme primitif des Aryens, mais néanmoins un mazdéisme nettement caractérisé et fortement constitué, est à la base de la religion des mages d'Asie Mineure, et il devait rester, dans les mystères occidentaux de Mithra, le fondement le plus solide de leur grandeur.

Seulement — c'est là un fait que les découvertes récentes d'inscriptions bilingues ont achevé de démontrer — la langue qu'employaient ou du moins qu'écrivaient les colonies iraniennes d'Asie Mineure n'était pas leur ancien idiome aryen, mais un dialecte sémitique, l'araméen. Sous les Achéménides, celui-ci servit aux relations diplomatiques et commerciales dans tous les pays situés à l'ouest du Tigre; notamment en Cappadoce et en Arménie, il demeura jusqu'au moment où, pendant la période hellénistique, il fut peu à peu supplanté par le grec, la langue littéraire et probablement aussi la langue liturgique. Le nom même qu'on donnait aux « maguséens » (μαγουσαῖοι) est une transcription exacte d'un pluriel sémitique. Ce phénomène, qui surprend à première vue, s'explique par l'histoire des « maguséens », émigrés en Asie Mineure. Ils n'y sont pas venus directement de Persépolis ou de Suse, mais de Mésopotamie, et leur culte avait été profondément influencé par les spéculations du clergé puissant qui desservait les temples de Babylone. La théologie savante des Chaldéens s'imposa au mazdéisme primitif, qui était un ensemble de traditions et de rites plutôt qu'un corps de doctrines. Les divinités des deux religions furent identifiées, leurs légendes rapprochées et l'astrologie sémitique, fruit de longues observations scientifiques, vint se superposer aux mythes naturalistes des Iraniens ; Ahoura-Mazda fut assimilé à Bêl, Anâhita à Ishtar et Mithra à Shamash, le dieu solaire. Une inscription araméenne de Cappadoce célèbre l'union mystique de Bêl avec la Foi mazdéenne, reine appelée « sœur et femme » du roi selon l'usage des Perses qui regardaient ces mariages consanguins comme les plus saints de tous. L'identification de Mithra avec Shamash par l'astrolâtrie chaldéenne fut cause que, dans les mystères romains, Mithra fut communément appelé *Sol invictus*, bien qu'il soit proprement distinct du Soleil, et un symbolisme astronomique, abstrus et compliqué, fit toujours partie de l'enseignement révélé aux initiés et se manifesta dans les compositions artistiques qui décoraient les temples.

A propos d'un culte de Commagène, dont nous avons dit un mot précédemment (p. 177), nous pouvons observer assez exactement comment se réalisa la fusion du parsisme avec des croyances sémitiques et anatoliques, car dans ces régions, le syncrétisme fut à toutes les époques à la fois la cause et l'effet des transformations religieuses. On honorait près du bourg de Doliché, sur le sommet d'une hauteur, une déité, qui, après avoir passé par de nombreux avatars, finit par devenir un Jupiter protecteur des armées romaines. Primitivement, elle était probablement la divinité du Ciel que, dès avant la conquête hittite, les populations d'Anatolie avaient coutume d'adorer sur la cime des montagnes. Elle passait pour avoir inventé l'usage du fer et paraît avoir été transportée en Commagène par une tribu de forgerons, les Chalybes, venus du Nord. On la représente debout sur un taureau, tenant en main la double hache, antique symbole vénéré en Crète à l'époque minoenne, qui se retrouve à Labranda en Carie et dans toute l'Asie Mineure. Cette bipenne, que brandit le dieu de Doliche montre en lui le maître de la foudre qui, dans le fracas des orages, fend les arbres des forêts. Établi en pays syrien, ce génie du Tonnerre s'identifia avec quelques Baal local, et son culte prit tous les caractères de ceux des Sémites. Après les conquêtes de Cyrus et l'établissement de la domination perse, ce « Seigneur des cieux » fut aisément confondu avec Ahoura-Mazda, qui, lui aussi, pour employer une définition d'Hérodote, était « le cercle entier du ciel », que les Perses adoraient pareillement sur les hautes cimes. Puis, après Alexandre, quand une dynastie à demi iranienne, à demi hellénique, régna sur la Commagène, ce Baal devint un Zeus-Oromasdès (Ahoura-Mazda) siégeant dans les espaces sublimes de l'éther. Une inscription grecque parle des « trônes célestes où cette divinité suprême accueille les âmes de ses fidèles. Enfin, dans les pays latins, le *Iupiter Cælus* continua à être placé à la tête du panthéon mazdéen, et dans toutes les provinces le *Iupiter Dolichenus* établit ses temples à côté de ceux de Mithra et entretint avec lui les rapports les plus étroits.

La même série de transformations s'opéra en maint autre lieu pour d'autres dieux. La religion mithriaque fut ainsi formée essentiellement d'une combinaison des croyances iraniennes avec la théologie sémitique et accessoirement avec certains éléments empruntés aux cultes indigènes de l'Asie Mineure. Les Grecs purent traduire plus tard en leur langue les noms des divinités perses et imposer au culte mazdéen certaines formes de leurs mystères; l'art hellénique put prêter aux *yazatas* l'apparence idéale sous laquelle il s'était plu à représenter les immortels; la philosophie, en particulier la philosophie stoïcienne, put s'efforcer de retrouver dans les traditions des mages ses propres théories physiques et métaphysiques. Mais, malgré tous ces accommodements, ces adaptations et ces interprétations, le mithriacisme resta toujours en substance un mazdéisme mâtiné de chaldéisme et par conséquent, une religion foncièrement exotique. Il fut certainement beaucoup moins hellénisé que le culte alexandrin d'Isis et de Sérapis, ou même que celui de la Grande Mère de Pessinonte, et, par suite, il parut longtemps inacceptable au monde grec, dont il resta à peu près exclu. La langue même en fournit une preuve curieuse : elle contient une foule de noms théophores, formés avec ceux des dieux égyptiens ou phrygiens, comme

Sérapion, Métrodore, Métrophile — Isidore s'est maintenu jusqu'à nos jours — mais tous les dérivés connus de Mithra sont de formation barbare. Les Grecs n'accueillirent qu'à peine et tardivement le dieu de leurs ennemis héréditaires, et les grands centres de la civilisation hellénique échappèrent à son action comme il fut soustrait à la leur. Mithra passa directement de l'Asie dans le monde latin. —

Ici la transmission s'opéra avec une rapidité foudroyante, dès que le contact fut établi. Aussitôt que la marche progressive des Romains vers l'Euphrate leur eut permis d'atteindre le dépôt sacré que l'Iran avait transmis aux mages d'Asie Mineure et que leur furent révélées les croyances mazdéennes mûries à l'écart au fond des montagnes de l'Anatolie, ils les adoptèrent avec enthousiasme. Transporté vers la fin du Ier siècle, par les soldats tout le long des frontières, le culte persique a laissé des traces nombreuses de sa présence à la fois autour des camps du Danube et du Rhin, près des stations du vallum de Bretagne et aux environs des postes échelonnés à la frontière du Sahara ou répartis dans les vallées des Asturies. En même temps, les marchands asiatiques l'introduisaient dans les ports de la Méditerranée, le long des grandes voies fluviales ou terrestres, dans toutes les villes commerçantes. Enfin, il eut pour missionnaires les esclaves orientaux, qui étaient partout et se mêlaient à tout, employés dans les services publics comme dans la domesticité privée, dans les exploitations agricoles comme dans les entreprises financières et minières, et surtout dans l'administration impériale, dont ils peuplaient les bureaux. Le dieu exotique conquit bientôt la faveur des hauts fonctionnaires et du souverain lui-même. A la fin du IIe siècle, Commode se fit initier à ses mystères, et cette conversion eut un immense retentissement. Cent ans plus tard, la puissance de Mithra était telle qu'il sembla un moment pouvoir éclipser ses rivaux d'Orient ou d'Occident et devoir dominer le monde romain tout entier. En l'an 307, Dioclétien, Galère et Licinius, qu'une entrevue solennelle réunissait à Carnuntum sur le Danube, y consacrèrent un sanctuaire à Mithra « protecteur de leur empire » *(fautori imperii sui)* (1).

---

(1) C. I. L., III., 4413 = Dessau, *Inscr. sel.*, 659.

* *
*

Quels furent les motifs de cet entraînement qui attira les plébéiens obscurs comme les grands de la terre vers les autels du dieu barbare ? Nous avons tenté autrefois de répondre à cette question en exposant ce que nous pouvions savoir des mystères de Mithra. Nous nous ferions scrupule de répéter ici ce que chacun a pu lire, s'il en a eu la curiosité, dans un gros et même dans un petit livre. Mais nous avons à envisager dans ces études le problème à un autre point de vue. Le culte perse est de tous ceux de l'Orient le dernier qui soit arrivé aux Romains. Quel principe nouveau leur apportait-il ? A quelles qualités originales dut-il sa supériorité ? Par quoi se distingua-t-il dans la concurrence des croyances de toute origine qui se disputaient alors la domination du monde ?

Ses doctrines sur la nature des dieux célestes ne sont pas ce qui lui était particulier et fit sa valeur propre. Sans doute, le parsisme est, de toutes les religions païennes, celle qui se rapproche le plus du monothéisme : Ahoura-Mazda y est élevé beaucoup au-dessus de tous les autres esprits célestes. Mais les dogmes du mithriacisme ne sont pas ceux de Zoroastre. Ce qu'il reçut de l'Iran, ce sont surtout ses mythes et ses rites; sa théologie, toute pénétrée de l'érudition chaldéenne, ne devait pas différer sensiblement de celle des prêtres syriens. Elle place à la tête de la hiérarchie divine et regarde comme la cause première une abstraction, le Temps divinisé, le Zervan Akarana de l'Avesta, qui, réglant les révolutions des astres, est le maître absolu de toutes choses. Ahoura-Mazda, qui trône dans les cieux, est devenu, nous l'avons vu, l'équivalent du *Baʿal-sammîn*, et, avant les mages, les Sémites introduisirent en Occident l'adoration du Soleil principe de toute vie et de toute lumière. L'astrolâtrie et l'astrologie de Babylone inspirent les théories enseignées dans les mithréums comme celles des temples sémitiques, et ainsi s'explique l'intime connexion des deux cultes. Ce n'est pas ce système mi-religieux, mi-scientifique, qui dans les premiers avait un caractère spécialement iranien et original.

Ce n'est pas non plus par leur liturgie que les mystères persiques ont conquis les masses. Leurs cérémonies secrètes, célébrées dans les antres des montagnes ou tout au moins dans les ténèbres de cryptes souterraines, étaient propres, sans doute, à inspirer un effroi sacré. On y trouvait, dans la participation à des repas liturgiques, un réconfort et un stimulant moral ; en s'y soumettant à une sorte de baptême, on croyait obtenir l'expiation de ses fautes et la quiétude de la conscience. Mais ces festins sacrés et ces ablutions purificatrices se retrouvent avec les mêmes espérances spirituelles dans d'autres cultes orientaux, et le rituel suggestif et splendide du clergé égyptien était certainement plus impressionnant que celui des mages. Le drame mythique, figuré dans les grottes du dieu perse et dont la catastrophe finale est l'immolation d'un taureau, regardé comme le créateur et le rénovateur de ce monde terrestre, était certainement plus trivial et moins pathétique que la douleur et l'allégresse d'Isis, cherchant le cadavre mutilé de son époux et le ramenant à la vie, ou que les plaintes et la jubilation de Cybèle, pleurant et ressuscitant son amant Attis.

Mais la Perse introduisit dans la religion un principe capital : le dualisme. Ce dualisme distingua le mithriacisme des autres sectes et inspira sa dogmatique comme sa morale leur donnant une rigueur et une fermeté ignorées jusqu'alors dans le paganisme romain. Il présenta l'univers sous un aspect auparavant inconnu et assigna en même temps un but nouveau à l'existence.

Sans doute, le dualisme, si l'on entend par là l'antithèse de l'esprit et de la matière, de l'âme et du corps, de la raison et des sens, apparaît bien auparavant dans la philosophie grecque, et c'est une des idées maîtresses du néo-pythagorisme et de Philon d'Alexandrie. Mais ce qui distingue la doctrine des mages, c'est qu'elle déifie le principe mauvais, l'oppose comme un rival au Dieu suprême et enseigne qu'il faut rendre un culte à tous deux. Ce système, qui donnait une solution simple en apparence au problème de l'existence du mal, écueil des théologies, séduisit les esprits cultivés, comme il conquit les foules, qui trouvaient en lui une explication de leurs souffrances. Précisément, au moment où se répandaient les mystères mithriaques, Plutarque l'expose avec complaisance et incline à l'adopter, et depuis cette époque on voit apparaître, dans la littérature, les « antidieux » (ἀντίθεοι) ou les « dieux mauvais » qui, sous le commandement de la Puissance des ténèbres luttent contre les esprits célestes messagers ou « anges » de la divinité suprême. Ce sont les *dévas* d'Ahriman aux prises avec les *yazatas* d'Ormuzd, qui, comme le Zeus grec foudroyant les Géants, avait dû repousser un assaut de ces démons, tentant d'escalader le ciel.

Un passage curieux de Porphyre (1) nous montre comment déjà les premiers néo-platoniciens avaient fait entrer dans leur système la démonologie perse. Au-dessous de la divinité suprême, incorporelle et indivisible, au-dessous des étoiles et des planètes vivent d'innombrables démons; quelques-uns ont reçu un nom spécial — ce sont les dieux des nations et des cités — le reste forme une foule anonyme. Ils se divisent en deux troupes : les uns sont des esprits bienfaisants; ils donnent la fécondité aux plantes et aux animaux, la sérénité à la nature, la science à l'homme. Ils servent d'intermédiaire entre les divinités et leurs fidèles, transmettant au ciel les hommages et les prières, et du ciel les présages et les avertissements. Au contraire, les autres sont des êtres pervers, qui habitent les espaces voisins de la terre, et il n'est aucun mal qu'ils ne s'efforcent de causer. A la fois violents et

(1) Porphyre, *De Abstin.*, II, 37-43.

rusés, véhéments et subtils, ils sont les auteurs de toutes les calamités qui fondent sur le monde : pestes, famines, tempêtes, tremblements de terre. Ils allument dans le cœur de l'homme les passions néfastes et les désirs illicites et provoquent les guerres et des séditions. Habiles à tromper, ils se plaisent au mensonge et aux impostures; ils favorisent la fantasmagorie et les mystifications des sorciers et viennent se repaître des sacrifices sanglants que les magiciens leur offrent, à eux tous, et surtout à celui qui les commande.

Des doctrines très voisines de celles-ci furent certainement enseignées dans les mystères de Mithra; on y rendait un culte à Ahriman *(Arimanius)*, roi du sombre royaume souterrain, maître des esprits infernaux, à qui l'on sacrifiait des bêtes sauvages, comme le loup. Cette adoration du diable a persisté jusqu'à nos jours en Orient dans l'étrange secte des Yézidiz.

Dans son traité contre les mages, Théodore de Mopsueste, parlant d'Ahriman, l'appelle Satan (Σατανᾶς). Il y a, en effet, entre ces deux personnages une ressemblance qui étonne à première vue. Ils sont l'un et l'autre les chefs d'une nombreuse armée de démons; chacun d'eux est l'esprit d'erreur et de mensonge, le prince des ténèbres, le tentateur et le corrupteur. On pourrait tracer un portrait presque identique de ces deux sosies, et, de fait, sous des noms différents c'est une seule et même figure. On admet généralement que le judaïsme a emprunté aux mazdéens, avec une partie de leur dualisme, la conception d'un antagoniste de Dieu. Il est donc bien naturel que la doctrine juive, dont hérita le christianisme, se rapproche de celle des mystères de Mithra. Une grande partie des croyances et des visions plus ou moins orthodoxes qui donnèrent au moyen âge le cauchemar de l'enfer et du diable lui vinrent ainsi de la Perse par un double détour : d'un côté par la littérature judéo-chrétienne, canonique ou apocryphe, de l'autre par les survivances du culte de Mithra et par les diverses sectes du manichéisme qui continuèrent à prêcher en Europe les antiques doctrines iraniennes sur l'antithèse des deux principes de l'univers.

Mais l'adhésion théorique des esprits à des dogmes qui les satisfont ne suffit pas pour les conquérir à une religion. Celle-ci doit leur donner, avec des raisons de croire, des motifs d'agir et des sujets d'espérance. Le dualisme iranien n'était pas seulement une puissante conception métaphysique; il servait aussi de fondement à une morale très efficace. C'est cette morale qui, dans la société romaine du IIe et du IIIe siècle animée d'aspirations inassouvies vers une justice et une sainteté plus parfaites, assura surtout le succès des mystères mithriaques.

Une phrase, malheureusement trop concise, de l'empereur Julien nous apprend que Mithra imposait à ses initiés des « commandements » (ἐντολαί), et en récompensait dans ce monde et dans l'autre la fidèle exécution. La valeur que les Perses attachaient à leur éthique particulière, la rigueur avec laquelle ils poursuivaient l'accomplissement de ses préceptes sont peut-être le trait le plus saillant de leur caractère national, tel qu'il se manifeste à travers l'histoire. Race de conquérants, ils furent, comme les Romains, soumis à une forte discipline, et ils sentirent, comme eux, sa nécessité pour l'administration d'un vaste empire. Il existait entre les deux peuples-rois des affinités qui les rapprochèrent pardessus le monde grec. Le mazdéisme apporta une satisfaction longtemps attendue au vieux sentiment latin qui voulait que la religion eût une efficacité pratique, imposât des règles de conduite aux individus et contribuât au bien de l'État. En y introduisant la morale impérative de l'Iran, Mithra infusa au paganisme d'Occident une vigueur nouvelle.

Malheureusement, nous n'avons pas conservé le texte du décalogue mithriaque, et ce n'est que par induction que nous pouvons retrouver ses prescriptions capitales.

Mithra, ancien génie de la lumière, est devenu dans le zoroastrisme et est resté en Occident le dieu de la vérité et de la justice. Il est l'Apollon mazdéen, mais tandis que l'hellénisme, plus sensible à la beauté, a développé dans Apollon les qualités esthétiques, les Perses, que préoccupent davantage les préceptes de la conscience, ont accentué en Mithra le caractère moral. Un des traits qui avaient frappé les Grecs — peu scrupuleux à cet égard — chez leurs voisins orientaux, c'était leur horreur du mensonge; celui-ci était, en effet, incarné dans Ahriman. Mithra fut toujours le dieu qu'on invoquait comme garant de la parole donnée et qui assurait l'exécution stricte des engagements pris. La fidélité absolue au serment dut être une des vertus cardinales d'un culte de soldats dont le premier acte, en s'enrôlant, était de jurer obéissance et dévouement au souverain. On y exaltait le loyalisme et la loyauté, et l'on cherchait sans doute à y inspirer des sentiments assez proches de la notion moderne de l'honneur.

A côté du respect de l'autorité, on y prêchait la fraternité. Les initiés se considéraient tous comme les fils d'un même père, qui devaient se chérir d'une affection mutuelle. Étendaient-ils l'amour du prochain jusqu'à cette charité universelle prêchée par la philosophie et le christianisme ? L'empereur Julien, qui était un myste dévot, se plaît à proposer un idéal tout pareil, et il est probable que vers la fin du paganisme les mithriastes s'élevèrent à cette conception du devoir, mais ils n'en furent pas les auteurs. Ils semblent avoir attaché plus de valeur aux qualités viriles qu'à la compassion ou à la mansuétude. La fraternité de ces initiés, qui prenaient le nom de « soldats » eut sans doute des affinités avec la camaraderie d'un régiment, non exempt d'esprit de corps, plutôt qu'avec l'amour du prochain qui inspire les œuvres de miséricorde envers tous.

Tous les peuples primitifs se représentent la nature comme remplie d'esprits immondes et méchants, qui corrompent et torturent ceux qui troublent leur repos, mais le dualisme donna à cette croyance universelle, avec un fondement dogmatique, une puissance inouïe. Le mazdéisme entier est dominé par les idées de pureté et d'impureté. « Aucune religion au monde n'a jamais été aussi complètement asservie à un idéal cathartique (1) ». Ce genre de perfection était le but vers lequel l'existence du fidèle devait tendre. Celui-ci devait se garder avec des précautions infinies de souiller les éléments divins, comme l'eau et le feu, ou bien sa propre personne, et il devait se soumettre, pour effacer toute pollution, à des lustrations multipliées. Mais, pas plus dans le mithriacisme que dans les cultes syriens à l'époque impériale (p. 189), ces rites n'étaient restés extérieurs, mécaniques, corporels, inspirés par la vieille idée du *tabou*. Le baptême mithriaque effaçait les fautes morales; la pureté à laquelle on aspirait était devenue spirituelle.

Cette pureté parfaite distingue les mystères persiques de ceux de tous les autres dieux orientaux : Sérapis est le frère et l'époux d'Isis, Attis l'amant de Cybèle, tout Baal syrien est

---

(1) Farnell, *Evolution of religion*, p. 127.

accouplé à une parèdre; Mithra vit seul, Mithra est chaste, Mithra est saint *(sanctus)*, et à l'adoration de la nature féconde il substitue une vénération nouvelle pour la continence.

Toutefois, si la résistance à la sensualité est louable, si l'idéal de perfection de cette secte mazdéenne incline déjà vers l'ascétisme, où sombra la conception manichéenne de la vertu, le bien ne réside pas seulement dans le renoncement et l'empire sur soi-même, mais dans l'action. Il ne suffit pas qu'une religion dresse une table des valeurs morales; pour être efficace, elle doit donner des motifs de les mettre en pratique. Le dualisme — c'est ici qu'intervient surtout son action — était particulièrement apte à favoriser l'effort individuel et à développer l'énergie humaine. Le monde est le théâtre d'une lutte perpétuelle entre deux puissances qui se partagent son empire, et la destinée qu'il doit atteindre est la disparition du Mal et la domination incontestée, le règne exclusif du Bien. Les animaux et les plantes, comme les hommes, sont rangés dans deux camps adverses, et une hostilité perpétuelle les anime les uns contre les autres; la nature entière participe au combat éternel des deux principes opposés. Les démons, créés par l'Esprit infernal, sortent constamment des abîmes pour vaguer à la surface de la terre; ils pénètrent partout, et partout ils apportent la corruption, la détresse, la maladie et la mort. Les génies célestes et les zélateurs de la piété doivent sans cesse déjouer leurs entreprises, toujours renouvelées. La lutte se poursuit et se répercute dans le cœur et la conscience de l'homme, abrégé de l'univers, entre la loi divine du devoir et les suggestions des esprits pervers. La vie est une guerre sans trêve et sans merci. La tâche du vrai mazdéen consiste à combattre à tout instant le Mal et à amener ainsi peu à peu le triomphe d'Ormuzd dans le monde. Le fidèle est le collaborateur des dieux dans leur œuvre d'épuration et de perfectionnement. Les mithriastes ne se perdaient pas comme d'autres sectes dans un mysticisme contemplatif; leur morale agonistique, je le répète, favorisait éminemment l'action, et, à une époque de relâchement, d'anarchie et de désarroi, les initiés trouvèrent dans ses préceptes un stimulant, un réconfort et un appui. La résistance aux sollicitations des instincts dégradants s'auréolait pour eux du prestige des exploits guerriers, et ainsi s'introduisait dans leur caractère un principe actif de progrès. En apportant une conception nouvelle du monde, le dualisme donna aussi un sens nouveau à la vie.

Le dualisme détermine aussi les croyances eschatologiques des mithriastes, et l'opposition des cieux et des enfers se continue dans l'existence d'outre-tombe. Mithra n'est pas seulement le dieu « invincible » qui assiste ses fidèles dans leur lutte contre la malignité des démons, le fort compagnon qui, dans les épreuves des humains, soutient leur fragilité. Antagoniste des puissances infernales, il assure le salut de ses protégés dans l'au-delà comme ici-bas. Lorsque, après la mort, le génie de la corruption se saisit du cadavre, les esprits ténébreux et les envoyés célestes se disputent la possession de l'âme, sortie de sa prison corporelle. Elle est soumise à un jugement auquel préside Mithra, et si ses mérites, pesés dans la balance du dieu, l'emportent sur ses fautes, il la défend contre les suppôts d'Ahriman qui cherchent à l'entraîner dans les abîmes infernaux, et il la guide vers les espaces éthérés où Jupiter-Ormuzd trône dans une éternelle clarté. Les mithriastes ne croyaient pas, comme les sectateurs de Sérapis, que le séjour des bienheureux fût situé dans les profondeurs de la terre; ce sombre royaume est pour eux le domaine des êtres pervers : les âmes des justes vont habiter dans la lumière infinie, qui s'étend au-dessus des étoiles, et, se dépouillant de toute sensualité et de toute convoitise en passant à travers les sphères planétaires, elles deviennent aussi pures que les dieux dont elles seront désormais les compagnes.

Seulement, à la fin du monde les corps même devaient participer à leur béatitude, car, comme les Égyptiens, les Perses croyaient que la personne humaine tout entière devait jouir de la vie éternelle. Quand les temps seront révolus, Mithra redescendra du ciel sur la terre, il ressuscitera tous les hommes et versera aux bons un breuvage merveilleux, qui leur assurera l'immortalité, tandis que les méchants seront anéantis avec Ahriman lui-même par le feu qui consumera l'univers.

De tous les cultes orientaux, aucun n'offre un système aussi rigoureux que celui-ci;

aucun n'eut une pareille élévation morale et ne dut avoir autant de prise sur les esprits et sur les cœurs. A bien des égards, il donna au monde païen sa formule religieuse définitive, et l'action des idées qu'il avait répandues s'étendit bien au delà du cercle étroit de ses adeptes, se prolongea bien au delà du moment où il périt de mort violente. Le dualisme iranien a introduit en Europe certains principes qui n'ont pas cessé d'y produire leurs conséquences, et toute son histoire démontre ainsi ce fait que nous signalions en commençant, la force de résistance et de pénétration de la culture et de la religion des Perses. Celles-ci eurent une originalité si indépendante qu'après avoir résisté, en Orient, à la puissance d'absorption de l'hellénisme, elles ne furent pas anéanties même par le pouvoir destructeur de l'Islam. Firdousi glorifie encore les antiques traditions nationales et les héros mythiques du mazdéisme, et, alors que l'idolâtrie de l'Égypte, de la Syrie et de l'Asie Mineure est depuis longtemps éteinte ou dégradée, il reste encore des sectateurs de Zoroastre qui accomplissent pieusement les cérémonies de l'Avesta et pratiquent le culte pur du feu.

Le mazdéisme mithriaque faillit bien aussi
— et c'est une autre preuve de sa vitalité —
devenir au |IIIe siècle une sorte de religion
d'État de l'Empire romain. On a souvent
répété à ce propos le mot de Renan : « Si le
christianisme eût été arrêté dans sa croissance
par quelque maladie mortelle, le monde eût
été mithriaste » (1). Sans doute, quand il hasardait cette boutade, sa pensée évocatrice s'est
représenté un instant ce que serait devenu
alors ce pauvre monde. Elle a dû se complaire
à se figurer, comme un de ses disciples voudrait nous le persuader (2), que la morale de
l'humanité n'en eût guère été changée — un peu
plus virile peut-être, un peu moins charitable,
mais une simple nuance. La théologie érudite
que les mystères enseignaient aurait évidemment témoigné un respect louable à la science.
Seulement, comme ses dogmes reposaient
sur une physique fausse, elle eût apparemment
assuré la persistance d'une infinité d'erreurs :
l'astronomie ne se serait pas éteinte, mais
l'astrologie eût été indestructible et, comme
elle l'exigeait, les cieux tourneraient encore
autour de la terre. Le grand danger eût été,

(1) Renan, *Marc Aurèle*, p. 579.
(2) Anatole France, *Le mannequin d'osier*, p. 318.

ce semble, la fondation par les Césars d'un absolutisme théocratique que les doctrines orientales sur la divinité des rois auraient servi à étayer; l'alliance du trône et de l'autel eût été indissoluble et l'Europe n'eût jamais connu la lutte, somme toute vivifiante, entre l'Église et l'État. Mais, d'autre part, la discipline du mithriacisme, productrice d'énergie individuelle, et l'organisation démocratique de ses associations, où se coudoyaient les sénateurs et les esclaves, contenaient un germe de liberté... On pourrait disserter longuement sur ces possibilités contraires; mais il n'est guère de jeu d'esprit plus oiseux que de prétendre refaire l'histoire et conjecturer ce qui serait arrivé dans le cas où tel événement ne se serait pas produit. Si le torrent des actions et des réactions qui nous entraîne se fût détourné de son cours, quelle vision pourrait décrire les rivages ignorés où se seraient répandus ses flots?

VII

L'ASTROLOGIE ET LA MAGIE

Lorsque nous constatons l'autorité souveraine dont jouit l'astrologie sous l'Empire romain, nous avons peine à nous défendre d'un sentiment de surprise. Nous concevons difficilement qu'on ait pu la regarder comme le plus précieux de tous les arts et comme la reine des sciences. Nous nous représentons malaisément les conditions morales qui ont rendu possible un pareil phénomène, parce que notre état d'esprit est aujourd'hui très différent. Peu à peu s'est imposée la conviction qu'on ne peut connaître l'avenir — tout au moins l'avenir de l'homme et de la société — que par conjecture. Le progrès du savoir a appris à ignorer.

Il en était autrement dans l'antiquité : la

foi aux présages et aux prédictions était générale. Seulement, au début de notre ère, les vieux modes de divination étaient tombés dans un certain discrédit avec le reste de la religion gréco-romaine. On ne croyait plus guère que l'avidité ou la répugnance des poulets sacrés à manger leur pâtée ou encore la direction du vol des oiseaux indiquassent des succès ou des désastres futurs. Les oracles helléniques se taisaient, délaissés. L'astrologie apparut alors entourée de tout le prestige d'une science exacte, fondée sur une expérience d'une durée presque infinie. Elle promettait de déterminer les événements de la vie de chacun avec la même sûreté que la date d'une éclipse. Le monde fut attiré vers elle par un entraînement irrésistible. Elle relégua dans l'ombre et fit oublier peu à peu toutes les anciennes méthodes imaginées pour déchiffrer les énigmes de l'avenir; l'haruspicine et l'art augural furent abandonnés, et son antique renommée ne protégea même pas la mantique apollinienne contre une déchéance irrémédiable. Une immense chimère, mirage du désert syrien, vint transformer le culte comme la divination; elle pénétra toute la théologie de son esprit. Et de fait si, comme le pensent encore certains savants, le caractère essentiel de la science est la faculté de prédire, aucune discipline ne pouvait se mesurer avec celle-ci, ni se soustraire à son ascendant.

Son succès fut lié à celui des religions orientales, qui lui prêtèrent leur appui comme elle leur accordait le sien. Nous avons vu (p. 193) comment elle s'était imposée au paganisme sémitique, avait transformé le mazdéisme perse et avait fait fléchir même l'orgueil exclusif du sacerdoce égyptien. C'est sans doute à Alexandrie, vers l'an 150 avant notre ère, que furent composés en grec des traités mystiques attribués au vieux pharaon Néchepso et à son confident le prêtre Pétosiris, œuvres nébuleuses et abstruses, qui devinrent en quelque sorte les livres saints de la foi nouvelle en la puissance des étoiles. Concurremment, d'autres écrits rédigés par les sujets des Ptolémées se réclamaient de l'autorité divine d'Hermès Trismégiste, qui, étant l'auteur de toute science, ne pouvait avoir ignoré cette merveilleuse discipline. Vers la même date commence à se répandre en Italie la généthlialogie chaldéenne, à laquelle un serviteur du dieu Bêl, venu de Babylone dans l'île de Cos, Bérose, avait réussi précédemment à intéresser la curiosité des Grecs.

En 139, un préteur expulse de Rome, en même temps que les Juifs, les *Chaldaei*. Mais tous les serviteurs de la déesse syrienne, déjà nombreux en Occident, étaient les clients et les défenseurs de ces prophètes orientaux (p. 163), et les mesures de police réussirent aussi peu à arrêter la diffusion de leurs doctrines que celle des mystères asiatiques. Du temps de Pompée, un sénateur épris d'occultisme, Nigidius Figulus, exposait en latin l'uranographie barbare, tandis qu'en Orient le roi Antiochus de Commagène faisait sculpter un horoscope monumental pour son tombeau. Le panthéisme des stoïciens avait accueilli et propagé le fatalisme astral des « Chaldéens », et le savant dont l'autorité contribua surtout à faire accepter la divination sidérale fut un philosophe syrien d'un savoir encyclopédique, Posidonius d'Apamée, le maître de Cicéron. Les œuvres de cet esprit à la fois érudit et religieux eurent une influence remarquable sur le développement de toute la théologie romaine.

Sous l'Empire, en même temps que triomphent les Baals sémitiques et Mithra, l'astrologie fait reconnaître partout son pouvoir. A cette époque, tous lui sacrifient : les Césars deviennent ses adeptes fervents souvent aux dépens des anciennes dévotions. Tibère néglige les dieux parce qu'il ne croit qu'à la fatalité et Othon, rempli d'une confiance aveugle en ses devins orientaux, marche contre Vitellius au mépris de présages funestes qui effraient son clergé officiel. Les savants les plus sérieux, comme Ptolémée sous les Antonins, exposent les principes de cette prétendue science, et les meilleurs esprits les adoptent. En fait, nul ne distingue guère entre l'astronomie et sa sœur illégitime. La littérature s'empare de ce thème nouveau et ardu, et déjà sous Auguste, Manilius, enthousiasmé par le fatalisme sidéral, tâchait à rendre poétique cette sèche « mathématique », comme Lucrèce, dont il est l'émule, l'avait fait pour l'atomisme épicurien. L'art même y cherche des inspirations et se plaît à représenter les divinités stellaires : les architectes élèvent à Rome et dans les provinces de somptueux *septizonia* à l'imitation des sept sphères où se meuvent les planètes, arbitres de nos destinées. D'abord aristocratique — car obtenir un horoscope exact est une opération compliquée et une consultation coûte cher — cette divination asiatique devient promptement populaire, surtout dans les centres urbains, où pullulent les esclaves du Levant. Les doctes généthliographes des observatoires étudiaient longuement, pour pénétrer les secrets des étoiles, des tables complexes et dispendieuses, mais ils avaient des confrères marrons qui, plus prestement et sans tant de cérémonie, disaient la bonne aventure au coin des carrefours ou dans les cours des fermes. Même les épitaphes vulgaires, qui, selon un mot de Rossi, sont « la canaille des inscriptions », ont gardé les traces de ces croyances : on y attribue souvent à un astre funeste un trépas prématuré; l'habitude s'introduit d'y mentionner exactement jusqu'au nombre d'heures qu'a duré la vie, car l'instant de la naissance a déterminé celui de la mort :

Nascentes morimur, finisque ab origine pendet; (1)

et l'on voit même glisser dans la tombe l'horoscope du défunt, dont il a fixé le sort. Bientôt il n'y aura plus d'affaire grande ou petite qu'on veuille entreprendre sans consulter l'astrologue. Non seulement on lui demande ses prévisions sur les événements publics

(1) Manilius, IV, 16.

considérables comme les opérations d'une guerre, la fondation d'une ville ou l'avènement d'un prince, non seulement sur un mariage, un voyage, un déménagement, mais les actions les plus futiles de la vie journalière sont gravement soumises à sa sagacité. On n'invite ou n'accepte plus à dîner, on ne se rend plus au bain ou chez son coiffeur, on ne change plus de vêtements, on ne se lime plus les ongles sans avoir attendu le moment propice. Juvénal se moque de cette superstition anxieuse des dames romaines à propos de vétilles (1) :

>...Si prurit frictus ocelli
angulus, inspecta genesi collyria poscit.

De fait, les recueils d' « initiatives » (καταρχαί) qui nous sont parvenus contiennent des questions qui font sourire. Si un fils qui va naître sera pourvu d'un grand nez ? Si une fille qui vient au monde aura des aventures galantes ? Et certains préceptes semblent presque une parodie : celui qui se fait couper les cheveux durant le croissant de la lune deviendra chauve — évidemment par analogie.

(1) Juvénal, VI, 165 ss.

L'existence entière des individus comme des États, jusque dans ses moindres incidents, dépend donc des étoiles. L'empire absolu qu'elles furent censées exercer sur la condition quotidienne de chacun modifia même le langage vulgaire et a laissé des traces dans tous les dérivés du latin. Ainsi, quand nous nommons les jours de la semaine Lundi, Mardi, Mercredi, nous faisons de l'astrologie sans le savoir, car c'est elle qui enseigna que le premier était soumis à la Lune, le second à Mars, le troisième à Mercure et les quatre derniers aux autres planètes, et les proverbes vulgaires n'ont pas cessé de prémunir contre leurs effets malins :

> Ne di Venere, ne di Marte
> Non si sposa, non si parte,

dit encore le peuple de Rome. Ou encore, nous reconnaissons à ces astres, sans y songer, leurs anciennes qualités, quand nous définissons un caractère comme « martial », « jovial » ou « lunatique », et nous gardons implicitement la foi en leur action ici-bas lorsque nous parlons d'une « bonne étoile » ou d'un « désastre » et même d'un « ascendant » ou d'une « influence ».

Cependant, il faut le reconnaître, l'esprit grec essaya de réagir contre la folie qui s'emparait du monde, et l'apotélesmatique trouva, dès l'époque de sa propagation, des contradicteurs parmi les philosophes. Le plus subtil de ces adversaires fut, au IIe siècle avant notre ère, le probabiliste Carnéade. Les arguments topiques qu'il avait fait valoir furent repris, reproduits et développés sous mille formes par les polémistes postérieurs. Tel celui-ci : tous les hommes qui périssent ensemble dans une bataille ou un naufrage sont-ils nés au même moment, puisqu'ils ont eu le même sort ? Ou, inversement, ne voyons-nous pas que deux jumeaux, venus au monde en même temps, ont les caractères les plus dissemblables et les fortunes les plus différentes ?

Mais la dialectique est un genre d'escrime où les Grecs ont toujours excellé, et les défenseurs de l'astrologie trouvaient réponse à tout. Ils s'attachaient surtout à établir fermement les vérités d'observation, sur lesquelles reposait toute la construction savante de leur art : l'action exercée par les astres sur les phénomènes de la nature et le caractère des individus. Peut-on nier, disaient-ils, que le soleil fasse naître et périr la végétation, qu'il mette les animaux en rut ou les plonge dans un sommeil léthargique ? Le mouvement des marées ne dépend-il pas du cours de la lune ? Le lever de certaines constellations n'est-il pas accompagné chaque année de tempêtes ? Enfin, les qualités physiques et morales des races ne sont-elles pas manifestement déterminées par le climat sous lequel elles vivent ? L'action du ciel sur la terre est indéniable, et, les influences sidérales étant admises, toutes les prévisions qui se fondent sur elles sont légitimes. Le principe une fois accepté, les théorèmes accessoires en découlent logiquement.

Ce raisonnement parut en général irréfutable. L'astrologie, avant l'avènement du christianisme, qui la combattit surtout comme entachée d'idolâtrie, n'eut guère d'autres adversaires que ceux qui niaient la possibilité de toute science : les néo-académiciens, qui déclaraient l'homme incapable d'arriver à la certitude, et les sceptiques radicaux, comme Sextus Empiricus. Mais, soutenue par les stoïciens, qui, sauf de rares exceptions, lui furent favorables, l'astrologie, on peut l'affirmer, sortit victorieuse des premiers assauts qui lui furent livrés : les objections qu'on lui fit l'amenèrent seulement à modifier certaines de ses théories. Dans la suite, l'affaiblissement général de l'esprit critique lui assura un ascendant presque incontesté. La polémique de ses adversaires ne se renouvela pas, ils se bornèrent à reprendre des arguments cent fois combattus, sinon réfutés, et qui semblaient bien usés. A la cour des Sévères, celui qui eût nié la domination des planètes sur les événements de ce monde eût passé pour plus déraisonnable que celui qui l'admettrait aujourd'hui.

Mais, dira-t-on, si les théoriciens ne parvinrent pas à démontrer la fausseté doctrinale de l'apotélesmatique, l'expérience devait en prouver l'inanité. Sans doute, les erreurs durent être nombreuses et provoquer de cruelles désillusions. Ayant perdu un enfant de quatre ans, auquel on avait prédit de brillantes destinées, ses parents stigmatisent dans son épitaphe le « mathématicien menteur dont le grand renom les a abusés tous deux » (1). Mais personne ne songeait à nier la possibilité de telles erreurs. Nous avons conservé des textes où les faiseurs d'horoscopes eux-mêmes expliquent candidement et doctement comment dans tel cas ils se sont trompés, faute

---

(1) C. I. L., VI, 27140 = Bücheler, *Carm. epigr.*, 1163 : *Decepit utrosque, Maxima mendacis fama mathematici.*

d'avoir tenu compte d'une donnée du problème. Manilius, malgré sa confiance illimitée dans les forces de la raison, s'effraie de la complexité d'une tâche immense qui semble en dépasser la portée, et, au IIᵉ siècle, Vettius Valens se plaint amèrement des détestables brouillons qui, s'érigeant en prophètes sans la longue préparation nécessaire, rendent odieuse ou ridicule l'astrologie qu'ils osent invoquer. Il faut s'en souvenir, celle-ci n'était pas seulement une science (ἐπιστήμη), mais aussi un art (τέχνη), tout comme la médecine ; — irrévérencieuse aujourd'hui, cette comparaison n'avait rien que de flatteur aux yeux des anciens. L'observation du ciel est infiniment délicate comme celle du corps humain ; il est aussi scabreux de dresser un thème de géniture que de poser un diagnostic, aussi malaisé d'interpréter les symptômes cosmiques que ceux de notre organisme. De part et d'autre les éléments sont complexes et les chances d'erreurs infinies. Tous les exemples de malades qui sont morts malgré le médecin ou à cause de lui n'empêcheront jamais celui que torturent des souffrances physiques d'invoquer son aide, et de même ceux dont l'âme est dévorée d'ambition, d'inquiétude ou d'amour recourront à l'astrologue pour trouver quelque remède à la fièvre morale qui les agite. Le calculateur qui affirme pouvoir déterminer l'instant de la mort, comme le praticien qui prétend l'écarter, attirent à eux la clientèle anxieuse de tous les hommes que préoccupe cette échéance redoutable. D'ailleurs, de même qu'on cite des cures merveilleuses, on rappelle — et au besoin l'on invente — des prédictions frappantes. Le devin n'a d'ordinaire le choix qu'entre un nombre restreint d'éventualités, et les probabilités veulent qu'il réussisse quelquefois. Les mathématiques, qu'il invoque, lui sont en somme favorables, et le hasard souvent corrige le hasard. Puis, celui qui a un cabinet de consultation bien achalandé, ne possède-t-il pas mille moyens, s'il est habile, de mettre dans le métier aléatoire qu'il exerce toutes les chances de son côté et de lire dans les constellations ce qu'il croit opportun ? Il observera la terre plutôt que le ciel, et il n'aura garde de se laisser choir au fond d'un puits.

Toutefois, ce qui surtout rendait l'astrologie invulnérable aux coups que lui portaient la raison et le sens commun, c'est qu'elle était en réalité, malgré la rigueur apparente de ses calculs et de ses théorèmes, non pas une science, mais une foi. Nous ne voulons pas seulement dire par là qu'elle impliquait la croyance en des postulats indémontrables — on pourrait dire la même chose de presque tout notre pauvre savoir humain, et nos systèmes de physique ou de cosmologie ne reposent-ils pareillement en dernière analyse sur des hypothèses ? — mais l'astrologie était née et avait grandi dans les temples de la Chaldée, puis de l'Égypte ; même en Occident, elle n'oublia jamais ses origines sacerdotales et ne se dégagea jamais qu'à demi de la religion, qui l'avait engendrée. C'est par ce côté qu'elle se rattache aux cultes orientaux qui font l'objet de ces études, et c'est ce point surtout que je voudrais mettre ici en lumière.

Les ouvrages ou les traités grecs d'astrologie qui nous sont parvenus ne nous révèlent que très imparfaitement ce caractère essentiel. Les Byzantins ont écarté de cette pseudoscience, qui resta toujours suspecte à l'Église, tout ce qui rappelait le paganisme. On peut suivre parfois de manuscrit à manuscrit les progrès de leur travail d'épuration. S'ils maintiennent le nom de quelque dieu ou héros de la mythologie, souvent ils ne se hasardent plus à l'écrire qu'en cryptographie. Ils ont conservé surtout des traités purement didactiques, dont le type le plus parfait est la *Tétrabible* de Ptolémée, sans cesse citée, copiée, commentée, et ils ont reproduit presque exclusivement des textes expurgés, résumant sèchement les principes des diverses doctrines. Dans l'antiquité, on lisait de préférence des œuvres d'un autre caractère. Beaucoup de « Chaldéens » mêlaient à leurs calculs et à leurs théories cosmologiques des considérations morales et des spéculations mystiques. Critodème, au début d'un ouvrage qu'il intitule « Vision » (Ὅρασις), représente, en un langage de prophète, les vérités qu'il révèle comme un refuge assuré contre les orages de ce monde, et il promet à ses lecteurs de les élever au rang des immortels. Vettius Valens, un contemporain de Marc-Aurèle, les conjure, avec des exécrations solennelles, de ne pas divulguer aux ignorants et aux impies les arcanes auxquels il va les initier. Les astrologues aiment à se donner les apparences de prêtres incorruptibles et saints et se plaisent à considérer leur profession comme un sacerdoce. De fait, les deux ministères se concilient : le précepteur de Néron, le stoïcien Chérémon, qui écrivit sur l'influence des comètes, était un homme d'Église, « scribe sacré » (ἱερογραμματεύς) des dieux d'Alexandrie ; le fils d'une famille considérable de prélats phyggiens célèbre en vers cette science divinatoire qui lui a permis de répandre au loin des oracles infaillibles (1), et un membre du clergé mithriaque se dit dans son épitaphe *studiosus astrologiae* (2). Prophètes inspirés du ciel, ces interprètes du Destin sont supérieurs au commun des mortels et d'une race divine.

Ainsi, par quelques passages échappés à la censure orthodoxe, par le ton que prennent certains de ses adeptes, se révèle déjà le caractère sacré de l'astrologie, mais il faut remonter plus haut et montrer que, malgré les secours que lui prêtent les mathématiques et l'observation, elle est religieuse dans son principe et par ses conclusions.

Le dogme fondamental de l'astrologie, telle que l'ont conçue les Grecs, est celui de la solidarité universelle. Le monde forme un vaste organisme dont toutes les parties sont unies

(1) Souter, *Classical review*, 1897, p. 136.
(2) C. I. L., V, 5893.

par un échange incessant de molécules ou d'effluves. Les astres, générateurs inépuisables d'énergie, agissent constamment sur la terre et sur l'homme — sur l'homme, abrégé de la nature entière, « microcosme » dont chaque élément est en correspondance avec quelque partie du ciel étoilé. Voilà en deux mots la théorie formulée par les disciples stoïciens des « Chaldéens »; mais, si on la dépouille de tout l'appareil philosophique dont on l'a décorée, au fond qu'y trouve-t-on ? C'est l'idée de la « sympathie », croyance aussi vieille que les sociétés humaines. Les peuples sauvages établissent aussi des relations mystérieuses entre tous les corps et tous les êtres qui peuplent la terre et les cieux et qui, à leurs yeux, sont tous pareillement animés d'une vie propre et doués d'une force latente — nous y reviendrons à propos de la magie. Avant la propagation des théories orientales, la superstition populaire attribuait déjà en Italie et en Grèce une foule d'actions bizarres au soleil, à la lune et même aux constellations.

Seulement, les *Chaldaei* prêtent une puissance prédominante aux astres. C'est qu'en effet ceux-ci furent regardés par la religion des vieux Chaldéens, lorsqu'elle se développa, comme les dieux par excellence. Le culte sidéral de Babylone concentra, si j'ose dire, le divin dans ces êtres lumineux et mobiles, au détriment des autres objets de la nature, pierres, plantes, animaux, où la foi primitive des Sémites le plaçait pareillement. Les étoiles conservèrent toujours ce caractère, même à Rome. Elles n'étaient pas, comme pour nous, des corps infiniment lointains qui se meuvent dans l'espace suivant les lois inflexibles de la mécanique et dont on détermine la composition chimique. Elles étaient restées, pour les Latins comme pour les Orientaux, des divinités propices ou funestes, dont les relations, sans cesse modifiées, déterminaient les événements de ce monde. Le ciel, dont on n'avait pas encore aperçu l'insondable profondeur, était peuplé de héros et de monstres animés de passions contraires, et la lutte qui s'y poursuivait exerçait une répercussion immédiate sur la terre.

En vertu de quel principe attribue-t-on aux astres telle qualité et telle influence ? Est-ce pour des raisons tirées de leur mouvement apparent, reconnues par l'observation ou par l'expérience ? Parfois : Saturne, par exemple, rend les gens apathiques et irrésolus, parce que de toutes les planètes il se déplace avec le plus de lenteur. Mais le plus souvent ce sont des raisons purement mythologiques qui ont inspiré les préceptes de l'astrologie. Les sept planètes sont assimilées à des divinités comme Mars, Vénus ou Mercure, qui ont un caractère et une histoire connus de tous. Il suffit de prononcer leurs noms pour qu'on se représente des puissances qui agiront conformément à leur nature : Vénus ne peut que favoriser les amoureux et Mercure assurer le succès des affaires et des escroqueries. De même pour les constellations, auxquelles se rattachent une quantité de légendes : le « catastérisme », c'est-à-dire la translation parmi les astres, devient la conclusion naturelle d'une foule de récits. Les héros de la fable ou même ceux de la société humaine continuent à vivre au ciel sous la forme d'étoiles brillantes. Persée y retrouve Andromède, et le centaure Chiron, qui n'est autre que le Sagittaire, y fraternise avec les Dioscures jumeaux. Ces astérismes prennent alors en quelque mesure les qualités et les défauts des personnages mythiques ou historiques qu'on y a transportés : le Serpent, qui brille près du pôle boréal, sera l'auteur des cures médicales parce qu'il est l'animal sacré d'Esculape.

Mais ce fondement religieux des règles de l'astrologie n'est pas toujours reconnaissable ; parfois il est entièrement oublié, et ces règles prennent alors l'apparence d'axiomes ou de lois fondées sur une longue observation des phénomènes célestes. C'est là une simple façade scientifique. Les procédés de l'assimilation aux dieux et du catastérisme ont été pratiqués en Orient longtemps avant de l'être en Grèce. Les images traditionnelles que nous reproduisons sur nos cartes célestes sont les restes fossiles d'une luxuriante végétation mythologique, et les anciens, outre notre sphère classique, en connaissaient une autre, la « Sphère barbare », peuplée de tout un monde de personnages et d'animaux fantastiques. Ces monstres sidéraux, auxquels on attribuait des vertus puissantes, étaient pareillement le résidu d'une multitude de croyances oubliées. La zoolâtrie était abandonnée dans les temples, mais on continuait à considérer comme divins le Lion, le Taureau, l'Ours, les Poissons, que l'imagination orientale avait reconnus sur la voûte étoilée. De vieux totems des tribus sémitiques ou des nomes égyptiens se survivaient transformés en constellations. Des éléments hétérogènes, empruntés à toutes les religions de l'Orient, se combinent dans l'uranographie des anciens et, dans la puissance attribuée aux fantômes qu'elle évoque, se transmet une réminiscence indistincte d'antiques dévotions, qui nous restent souvent inconnues.

Ainsi l'astrologie fut religieuse par son origine et ses principes; elle le fut encore par son alliance étroite avec les cultes orientaux, surtout avec ceux des Baals syriens et de Mithra; elle le fut enfin par les effets qu'elle produisit. Je ne veux pas parler des effets qu'on attend de tel astérisme dans tel cas particulier : on lui supposait parfois la puissance de provoquer même l'apparition des divinités soumises à son empire. Mais j'ai en vue l'action générale que ces doctrines exercèrent sur le paganisme romain.

Quand les dieux de l'Olympe furent incorporés dans les astres, quand Saturne et Jupiter devinrent des planètes et la Vierge céleste un signe du zodiaque, ils revêtirent un caractère très différent de celui qui leur avait appartenu à l'origine. Nous avons montré comment en Syrie l'idée de la répétition indéfinie de cycles d'années, suivant lesquels se produisent les révolutions célestes, conduisit à la conception de l'éternité divine, comment la théorie de la domination fatale des astres sur le monde amena celle de la toute-puissance du « maître des cieux », comment l'introduction d'un culte universel fut le résultat nécessaire de l'idée que les étoiles exercent leur influence sur les peuples de tous les climats. Toutes ces conséquences des principes de l'astrologie en furent logiquement déduites, dans les pays latins comme chez les Sémites, et amenèrent une rapide métamorphose de l'ancienne idolâtrie. Comme en Syrie aussi, le Soleil, qui, selon les astrologues, mène le chœur des planètes, « qui est institué roi et conducteur du monde entier », devient nécessairement la puissance la plus élevée du panthéon romain.

L'astrologie modifia aussi la théologie en introduisant dans ce panthéon une foule de dieux nouveaux, dont quelques-uns sont singulièrement abstraits. On adorera désormais les constellations du firmament et, en particulier, les douze signes du zodiaque, qui ont chacun leur légende mythologique, le Ciel *(Cælus)* lui-même, regardé comme la cause première et qui parfois se confond avec l'Être suprême, les quatre Éléments dont l'antithèse et la transmutation perpétuelles produisent tous les phénomènes sensibles et qui sont souvent symbolisés par un groupe d'animaux prêts à s'entre-dévorer, enfin le Temps et ses subdivisions. Les calendriers furent religieux avant de devenir civils; ils n'eurent pas d'abord pour objet de noter la mesure des instants qui s'écoulaient, mais la récurrence de dates propices ou néfastes, séparées par des intervalles périodiques. Le retour de moments déterminés, c'est un fait d'expérience, est associé à l'apparition de certains phénomènes : ils ont donc une efficacité spéciale, sont doués d'un caractère sacré. L'astrologie, en fixant les époques avec une rigueur mathématique, continua à leur reconnaître, pour parler comme Zénon, « une force divine ». Le Temps, qui règle le cours des astres et la transsubstantiation des éléments, est conçu comme le maître des dieux et le principe primordial, et il est assimilé au Destin. Chaque portion de sa durée infinie amène quelque mouvement propice ou funeste des cieux, anxieusement observés, et transforme l'univers, incessamment modifié. Les Siècles, les Années, les Saisons, qu'on met en relation avec les quatre vents et les quatre points cardinaux, les douze Mois, soumis au zodiaque et qu'on rapproche des douze dieux grecs, le Jour et la Nuit, les douze Heures sont personnifiés et divinisés, comme étant les auteurs de tous les changements de l'univers. Les figures allégoriques, imaginées pour ces abstractions par le paganisme astrologique, ne périrent même pas avec lui; le symbolisme qu'il avait vulgarisé lui survécut, et jusqu'au moyen âge ces images de dieux déchus furent reproduites indéfiniment dans la sculpture, la mosaïque et la miniature chrétiennes.

L'astrologie intervient ainsi dans toutes les idées religieuses, et les doctrines sur la destinée du monde et de l'homme se conforment aussi à ses enseignements. Selon Bérose, qui est l'interprète de vieilles théories chaldéennes l'existence de l'univers est formée d'une série de « grandes années », ayant chacune leur été et leur hiver. Leur été se produit quand toutes les planètes sont en conjonction au même point du Cancer, et il amène une conflagration générale; inversement, leur hiver arrive quand toutes les planètes sont réunies dans le Capricorne, et il a pour résultat un déluge universel. Chacun de ces cycles cosmiques, dont la durée, suivant les calculs les plus autorisés, était de 432.000 ans, est la reproduction exacte de ceux qui l'ont précédé. En effet, les astres, reprenant exactement la même position, doivent agir d'une manière identique. Cette théorie babylonienne, anticipation de celle du « retour éternel des choses » que Nietzsche se glorifiait d'avoir découverte, jouit d'une faveur durable dans l'antiquité, et elle se transmit sous diverses formes jusqu'à la Renaissance. La croyance que le monde devait être détruit par le feu, répandue aussi par la philosophie stoïcienne, trouva un nouvel appui dans ces spéculations cosmologiques, qui furent adoptées et propagées par les mystes de Mithra.

Ce n'est pas seulement l'avenir de l'univers que l'astrologie révèle, c'est aussi la vie future des mortels. Selon une doctrine chaldéo-persique, acceptée par les mystères païens et que nous avons déjà signalée (p. 197), une amère nécessité contraint les âmes, dont la multitude peuple les hauteurs célestes, à descendre ici-bas pour y animer les corps qui les tiennent captives. En s'abaissant vers la terre, elles traversent les sphères des planètes et reçoivent de chacun de ces astres errants, suivant sa position, quelques-unes de leurs qualités. Inversement lorsque, après la mort, elles s'échappent de leur prison charnelle, elles remontent à leur première demeure, du moins si elles ont vécu pieusement, et, à mesure qu'elles passent par les portes des cieux superposés, elles se dépouillent des passions et des penchants qu'elles avaient acquis durent leur premier voyage, pour s'élever enfin, pures essences, jusqu'au séjour lumineux des dieux. Elles y vivent à jamais au milieu des astres éternels, soustraites à la domination des destins et aux limitations mêmes du temps.

Ainsi l'alliance des théorèmes astronomiques avec leurs vieilles croyances fournit aux Chaldéens des réponses à toutes les questions que l'homme se pose sur les relations du ciel et de la terre, sur la nature de Dieu, sur l'existence du monde et sur sa propre fin. L'astrologie fut véritablement la première théologie scientifique. La logique de l'hellénisme coordonna les doctrines orientales, les combina avec la philosophie stoïcienne et en constitua un système d'une incontestable grandeur, reconstruction idéale de l'univers, dont la hardiesse puissante inspire à Manilius, lorsqu'il ne s'épuise pas à dompter une matière rebelle, des accents convaincus et sublimes. La notion vague et irraisonnée de la « sympathie » s'est transformée en un sentiment profond, fortifié, par la réflexion, de la parenté de l'âme humaine, essence ignée, avec les astres divins. La contemplation du ciel est devenue une communion. Dans la splendeur des nuits, l'esprit s'enivre de la lumière que lui versent les feux de l'éther; transporté sur les ailes de l'enthousiasme, il s'élève au milieu du chœur sacré des étoiles et suit leurs mouvements harmonieux; « il participe à leur immortalité et, avant le terme fatal, il s'entretient avec les dieux (1) ». Malgré la précision subtile que les Grecs introduisirent dans leurs spéculations, le sentiment qui pénétra l'astrologie jusqu'à la fin du paganisme ne démentit jamais ses origines orientales et religieuses.

Le principe capital qu'elle imposa fut celui du fatalisme. Comme s'exprime le poète (2) :

Fata regunt orbem, certa stant omnia lege.

Au lieu de dieux agissant dans le monde, comme l'homme dans la société, au gré de leurs passions, les Chaldéens ont les premiers conçu l'idée d'une nécessité inflexible, dominant l'univers. Ils observèrent qu'une loi

(1) Vettius Valens, IX, 8.
(2) Manil., IV, 14.

immuable réglait le mouvement des corps célestes, et, dans le premier enthousiasme de leur découverte, ils étendirent ses effets à tous les phénomènes moraux et sociaux. Un déterminisme absolu est impliqué dans les postulats de l'apotélesmatique. La Tyché ou Fortune divinisée devient la maîtresse irrésistible des mortels et des immortels, et elle fut, en effet, sous l'Empire, révérée par quelques esprits exclusivement. Notre volonté réfléchie n'a jamais qu'une part bien restreinte dans notre bonheur et nos succès, mais, au milieu des pronunciamentos et de l'anarchie du IIIe siècle, un Hasard aveugle semblait bien se jouer souverainement de la vie de chacun, et l'on comprend que les princes éphémères de cette époque aient, comme les foules, reconnu en lui le seul arbitre de leur sort. La puissance de cette conception fataliste dans l'antiquité peut se mesurer à sa longue persistance, tout au moins en Orient, d'où elle était originaire. Sortie de Babylonie, elle se répand dès l'époque alexandrine dans tout le monde hellénique, et à la fin du paganisme c'est encore contre elle qu'est dirigé en grande partie l'effort de l'apologétique chrétienne; mais elle devait résister à toutes les attaques et s'imposer encore à l'Islam. Même dans l'Europe latine, malgré les anathèmes de l'Eglise, survécut confusément à travers le moyen âge la croyance que sur cette terre tout arrive de quelque manière

> Per ovra delle rote magne,
> Che drizzan ciascun seme ad alcun fine,
> Secondo che le stelle son compagne. (1)

Les armes dont les écrivains ecclésiastiques se servent pour combattre ce fatalisme sidéral sont empruntées à l'arsenal de la vieille dialectique grecque : ce sont en général celles qu'avaient employées depuis des siècles tous les défenseurs du libre arbitre : le déterminisme détruit la responsabilité ; les récompenses et les châtiments sont absurdes si les hommes agissent en vertu d'une nécessité qui les domine, s'ils sont des héros ou des criminels nés. Nous n'insisterons pas sur ces discussions métaphysiques; mais il est un argument qui touche de plus près au sujet dont nous nous occupons : si un Destin irrévocable s'impose à nous, aucune supplication, objectait-on, ne peut modifier ses arrêts; le culte est inefficace, il est oiseux de demander aux oracles

---

(1) Dante, *Purg.*, XXX, 109 ss.

les secrets d'un avenir que rien ne peut changer et les prières ne sont plus, pour employer une expression de Sénèque (1), que « les consolations d'esprits maladifs ».

Et, sans doute, dans la persuasion que la Fatalité gouverne toutes choses, certains adeptes de l'astrologie, comme l'empereur Tibère, négligent les pratiques religieuses ; à l'exemple des stoïciens, ils érigent en devoir moral la soumission absolue au sort omnipotent, la résignation joyeuse à l'inévitable, et ils se contentent de vénérer, sans lui rien demander, la puissance supérieure qui régit l'univers. Ils se disent soumis au destin même le plus capricieux, semblables à l'esclave intelligent qui devine, pour les satisfaire, les désirs de son maître et sait se rendre supportable la plus dure servitude. Mais les masses ne s'élevaient pas à cette hauteur de renoncement. Toujours le caractère religieux de l'astrologie fut maintenu aux dépens de la logique. Les planètes et les constellations n'étaient pas seulement des forces cosmiques dont l'action propice ou néfaste s'affaiblissait ou se renforçait suivant les détours d'une carrière fixée

---

(1) Sén. *Quæst. Nat.*, II, 35.

de toute éternité. Elles étaient des divinités qui voyaient et entendaient, se réjouissaient ou s'affligeaient, avaient une voix et un sexe, étaient prolifiques ou stériles, douces ou sauvages, déférentes ou dominatrices. On pouvait donc apaiser leur courroux et se concilier leur faveur par des rites et des offrandes : même les astres adverses n'étaient pas inexorables et se laissaient fléchir par des sacrifices et des supplications. Le pédant borné qu'est Firmicus Maternus affirme avec force la toute-puissance de la Fatalité, mais en même temps il invoque les dieux, pour résister avec leur aide à l'influence des étoiles. Encore au IVe siècle, les païens de Rome étaient-ils sur le point de se marier, voulaient-ils faire quelque emplette, ambitionnaient-ils quelque dignité, ils couraient demander au devin ses pronostics, tout en priant les *Fata* de leur accorder des années prospères. Une antinomie fondamentale se manifeste ainsi dans tout le développement de l'astrologie, qui prétendait devenir une science exacte, mais qui fut à l'origine et qui resta toujours une théologie sacerdotale. Jamblique, dans son livre sur les *Mystères*, s'évertue à expliquer comment les astres, qui sont les auteurs du

Destin, peuvent aussi nous soustraire à son empire (1).

Toutefois, à mesure que l'idée de la Fatalité s'imposa et se répandit, le poids de cette théorie désespérante opprima davantage la conscience. L'homme se sentit dominé, accablé, par des forces aveugles, qui l'entraînaient aussi irrésistiblement qu'elles faisaient mouvoir les sphères célestes. Les âmes cherchèrent à échapper à la pression de ce mécanisme cosmique, à sortir de l'esclavage où les maintenait l'Ananké. Mais, pour se soustraire aux rigueurs de sa domination, on n'a plus confiance dans les cérémonies de l'ancien culte. Les puissances nouvelles qui se sont emparées du ciel doivent être apaisées par des moyens nouveaux. Les religions orientales apportent le remède aux maux qu'elles ont créés et enseignent des procédés puissants et mystérieux pour conjurer le sort. Aussi, parallèlement à l'astrologie, voit-on se propager une aberration plus néfaste, la magie.

Si l'on passe de la lecture de la *Tétrabible* de

---

(1) Jambl., *De myst.*, VIII, 8.

Ptolémée à celle d'un papyrus magique, on se croira tout d'abord transporté à l'autre extrémité du monde intellectuel. On ne trouve plus rien ici de l'ordonnance systématique, de la méthode sévère qui distinguent l'œuvre du savant d'Alexandrie. Sans doute, les doctrines de l'astrologie sont aussi chimériques que celles de la magie, mais elles sont déduites avec une logique qui force l'assentiment des esprits réfléchis et qui fait totalement défaut dans les ouvrages de sorcellerie. Recettes empruntées à la médecine et à la superstition populaires, pratiques primitives rejetées ou délaissées par les rituels sacerdotaux, croyances répudiées par une religion progressivement moralisée, plagiats et contrefaçons de textes littéraires ou liturgiques, incantations où sont invoqués au milieu d'un baragouin inintelligible les dieux de toutes les nations barbares, cérémonies bizarres et déconcertantes forment un chaos où l'imagination se perd, un pot pourri où il semble qu'un syncrétisme arbitraire ait abouti à une inextricable confusion.

Cependant, si l'on observe avec plus d'attention comment la magie opère, on constatera qu'elle part de principes analogues et agit d'après des raisonnements parallèles à ceux de l'astrologie. Nées en même temps dans les civilisations primitives de l'Orient, toutes deux reposent sur un fonds d'idées communes. La première découle, comme la seconde, du principe de la sympathie universelle, seulement elle ne considère plus la relation qui existe entre les astres, courant sur le plafond du ciel, et les phénomènes physiques et moraux, mais celle qui unit entre eux les corps, quels qu'ils soient. Elle part de l'idée préconçue qu'il existe entre certaines choses, certains mots, certaines personnes, des relations obscures, mais constantes. Ces correspondances sont établies sans hésitation entre les objets matériels et les êtres vivants, car les peuples sauvages attribuent à tout ce qui les entoure une âme et une existence analogues à celle de l'homme. La distinction des trois règnes de la nature ne leur a pas été enseignée; ils sont « animistes ». La vie d'une personne peut ainsi être liée à celle d'un objet, d'un arbre, d'un animal, de telle sorte que si l'un périt l'autre meure, et que tout dommage éprouvé par l'un fasse souffrir son inséparable associé. Parfois le rapport qu'on établit provient de motifs clairement intelligibles comme la ressemblance entre l'objet et l'être : ainsi, dans la pratique de l'envoûtement, lorsque, pour tuer un ennemi, on transperce une poupée de cire ou l'on enterre une figurine de plomb, qui sont censées le représenter; ou bien ce lien présumé résulte d'un contact, même passager, qu'on suppose avoir créé des affinités indestructibles, par exemple lorsqu'on opère sur le vêtement d'un absent. Mais ces relations imaginaires ont souvent des raisons qui nous échappent; elles dérivent, comme les qualités attribuées aux étoiles par l'apotélesmatique, de vieilles croyances dont le souvenir s'est perdu.

Comme l'astrologie, la magie est donc à certains égards une science. D'abord, elle repose en partie, comme les prédictions de sa compagne, sur l'observation — une observation souvent rudimentaire, superficielle, hâtive, erronée, mais néanmoins très considérable. C'est une discipline expérimentale. Parmi la multitude des faits que la curiosité des magiciens a notés, il en était d'exacts, qui ont reçu plus tard la consécration des savants : l'attraction de l'aimant sur le fer a été utilisée par les thaumaturges avant d'être interprétée par les physiciens. Dans les vastes compilations qui circulaient sous les noms vénérables de Zoroastre ou d'Hostanès, des remarques fécondes se mêlaient certainement à des idées puériles et à des préceptes absurdes, tout comme dans les traités d'alchimie grecque qui nous sont parvenus. Les phénomènes que, dans des conventicules secrets, les thaumaturges faisaient apparaître aux yeux émerveillés de leurs adeptes rappellent parfois nos expériences de laboratoire. L'idée même qu'en connaissant la puissance de certains agents on peut faire agir les forces cachées de l'univers et obtenir des résultats extraordinaires, inspire les recherches de la physique comme les affirmations de la magie. La magie est une physique dévoyée comme l'astrologie est une astronomie pervertie.

De plus, la magie, toujours comme l'astrologie, est une science, parce qu'elle part de la conception fondamentale qu'il existe dans la nature un ordre et des lois et que la même cause produit toujours les mêmes effets. La cérémonie occulte, qui s'accomplit avec le soin d'une analyse expérimentale, aura régulièrement la conséquence attendue. Il suffit de connaître les affinités mystérieuses qui unissent toutes choses pour mettre en mouvement le mécanisme de l'univers. Seulement l'erreur des sorciers est d'établir une association entre des phénomènes qui ne dépendent nullement l'un de l'autre. Le fait d'exposer un instant à la lumière une plaque sensible dans une chambre noire, de la plonger ensuite, suivant des recettes données, dans des liquides appropriés et d'y faire apparaître ainsi l'image d'un parent ou d'un ami, est une opération magique, mais fondée sur des actions et des réactions véritables, au lieu de l'être sur des sympathies et des antipathies arbitrairement supposées. La magie est donc bien une science qui se cherche et qui devient plus tard, comme l'a définie Frazer, « une sœur bâtarde de la science ».

Seulement, comme l'astrologie, elle aussi fut religieuse à l'origine et resta toujours une sœur bâtarde de la religion. Toutes deux grandirent ensemble dans les temples de l'Orient barbare. Leurs pratiques firent partie d'abord du savoir équivoque de féticheurs qui prétendaient, par des rites connus d'eux seuls, agir sur les esprits qui peuplaient la nature et la vivifiaient tout entière. La magie a été ingénieusement définie (1) « la stratégie de

---

(1) S. Reinach, *Mythes, cultes et religions*, II, Intr. p. XV.

l'animisme ». Mais, de même que la puissance de plus en plus grande attribuée par les Chaldéens aux divinités sidérales transforma la vieille astrologie, de même la sorcellerie primitive prit un autre caractère à mesure que le monde des dieux, conçus à l'image de l'homme, se dégagea et se distingua davantage des forces physiques. L'élément mystique, qui de tout temps se mêlait à ses cérémonies, en reçut une précision et un développement nouveaux. Le magicien, par ses charmes, ses talismans et ses conjurations, agit désormais sur les « démons » célestes ou infernaux et les contraint à lui obéir. Mais ces esprits ne lui opposent plus seulement la résistance aveugle de la matière, animée d'une vie incertaine; ce sont des êtres actifs et subtils, doués d'intelligence et de volonté. Ils savent parfois se venger de l'esclavage qu'on prétend leur faire subir et punir de son audace l'opérateur qui les redoute, tout en invoquant leur secours. L'incantation prend ainsi souvent la forme d'une prière adressée à des puissances supérieures à l'homme, et la magie devient un culte. Ses rites se développent parallèlement aux liturgies canoniques et souvent les envahissent. Ils sont séparés par cette frontière vague, constamment déplacée, qui limite les domaines contigus de la religion et de la superstition.

**

Cette magie, mi-scientifique, mi-religieuse, ayant ses livres et ses adeptes professionnels, est d'origine orientale. La vieille sorcellerie grecque et italique semble avoir été assez bénigne. Conjurations qui détournent la grêle ou formules qui attirent la pluie, maléfices qui rendent les champs stériles et font périr le bétail, philtres d'amour, onguents de jeunesse, remèdes de bonne femme, talismans contre le mauvais œil, amulettes qui préservent de tout accident, tout cela s'inspire des croyances de la superstition populaire et se maintient aux confins du folklore et du charlatanisme. Même les magiciennes de Thessalie, qui passaient pour faire descendre la lune du ciel, étaient surtout des botanistes qui connaissaient les vertus merveilleuses des simples. L'effroi que les nécromanciens inspirent provient en grande partie de ce qu'ils exploitent la vieille croyance aux revenants. Ils mettent en œuvre la puissance qu'on attribue aux fantômes, et glissent dans les tombeaux des tablettes de métal couvertes d'exécrations, pour vouer un ennemi au malheur ou à la mort. Mais il n'y a aucune trace, en Grèce ni en Italie, d'un système cohérent de doctrines, d'une discipline occulte et savante, ni d'un enseignement sacerdotal.

Aussi les adeptes de cet art douteux sont-ils méprisés. Encore à l'époque d'Auguste, ce sont surtout des gueuses équivoques qui exercent leur misérable métier dans les bas-fonds des quartiers populaires. Mais avec l'invasion des religions orientales, la considération pour le magicien grandit et sa condition s'élève. On l'honore et on le redoute davantage. Au IIe siècle, nul ne conteste plus guère qu'il puisse provoquer des apparitions divines, converser avec des esprits supérieurs et même s'élever en personne jusqu'au ciel.

On saisit ici l'action victorieuse, des cultes alexandrins. En Égypte, nous l'avons vu (p. 147), le rituel, à proprement parler, n'était pas autre chose à l'origine qu'un ensemble de pratiques magiques. Les fidèles imposaient par la prière ou même la menace leurs volontés aux dieux. Ceux-ci étaient contraints d'obéir sur-le-champ à l'officiant, si la liturgie était exactement accomplie, si les incantations et les paroles opérantes étaient récitées avec l'intonation juste. Le prêtre instruit avait une puissance presque illimitée sur tous les êtres surnaturels qui peuplaient la terre, les eaux, l'air, les enfers et les cieux. Nulle part on ne maintint moins la distance qui sépare l'humain du divin; nulle part la différenciation progressive qui éloigna partout la magie de la religion ne resta moins avancée. Elles demeurèrent si intimement associées jusqu'à la fin du paganisme qu'on a peine parfois à distinguer les textes qui appartiennent à l'une ou à l'autre.

Les Chaldéens aussi étaient de grands maîtres ès sorcellerie, à la fois versés dans la connaissance des présages et experts à conjurer les maux que ceux-ci annonçaient. En Mésopotamie, les magiciens, conseillers écoutés des rois, faisaient parti du clergé officiel; ils y invoquaient dans leurs incantations l'aide des dieux de l'État, et leur science sacrée y était aussi respectée que l'haruspicine en Étrurie. Le prestige fabuleux qui continua de l'entourer en assura la persistance après la chute de Ninive et de Babylone. La tradition n'en était point perdue sous les Césars, et une quantité d'enchanteurs se réclamaient à tort ou à raison de l'antique sagesse de la Chaldée.

Aussi le thaumaturge, héritier supposé des prêtres archaïques, prend-il à Rome, même une apparence toute sacerdotale. Sage inspiré qui reçoit les confidences des esprits célestes, il se rapproche des philosophes par la dignité de sa tenue et de sa vie. Le vulgaire ne tarde pas à les confondre, et, de fait, la philosophie orientalisante de la fin du paganisme accueille et justifie toutes les superstitions. Le néoplatonisme, qui fait à la démonologie une large place, penche de plus en plus vers la théurgie, où il finit par se perdre.

Mais les anciens distinguent expressément de cet art licite et honorable, pour lequel on inventa de nom de « théurgie », la « magie » proprement dite, toujours suspecte et réprouvée. Le nom des mages (μάγοι), appliqué à tous les faiseurs de miracles, désigne proprement les prêtres du mazdéisme, et une tradition bien attestée faisait, en effet, des Perses, les auteurs de la véritable magie, de celle que le moyen âge appellera magie noire. S'ils ne l'ont pas inventée, car elle est vieille comme l'humanité, ils ont du moins été les premiers à l'édifier sur un fondement doctrinal et à lui assigner une place dans un système théologique nettement formulé. C'est le dualisme mazdéen, qui donna à ce savoir pernicieux une puissance nouvelle avec les caractères qui le distingueront désormais.

Sous quelles influences la magie perse s'est-elle formée ? Quand et comment s'est-elle propagée ? Ce sont là des questions encore mal élucidées. La fusion intime qui s'opéra à Babylone entre les doctrines religieuses des conquérants iraniens et celles du clergé indigène (p. 229) se produisit aussi dans cet ordre de croyances, et les mages établis en Mésopotamie combinèrent leurs traditions secrètes avec le code de rites et de formules rédigé par les sorciers chaldéens. La curiosité universelle des Grecs obtint de bonne heure communication de cette science merveilleuse. Les philosophes naturalistes, comme Démocrite, le grand voyageur, paraissent avoir fait plus d'un emprunt au trésor des observations recueillies par les prêtres orientaux. Ils puisèrent sans doute dans ces compilations disparates, où le vrai se mêlait à l'absurde et le réel au fantastique, la connaissance de quelques propriétés des plantes ou des minéraux, de quelques expériences de physique. Cependant, le clair génie des Hellènes se détourna toujours des spéculations troubles de la magie et ne leur accorda qu'une attention distraite et une considération médiocre. Mais à l'époque alexandrine on traduisit en grec les livres attribués aux maîtres à demi fabuleux de la science persique, Zoroastre, Hostanès, Hystaspe, et depuis lors, jusqu'à la fin du paganisme, ces noms jouirent d'une autorité prestigieuse. En même temps, les Juifs, initiés aux arcanes des doctrines et des procédés irano-chaldéens, en firent connaître indirectement certaines recettes partout où la Dispersion les répandit. Postérieurement, une action plus immédiate fut exercée sur le monde romain par les colonies perses d'Asie Mineure, demeurées obstinément fidèles à leurs antiques croyances nationales.

La valeur particulière que les mazdéens attribuaient à la magie découle nécessairement de leur système dualiste, tel que nous l'avons exposé déjà (p. 237). En face d'Ormuzd, qui siège dans le ciel lumineux, se dresse son adversaire irréconciliable Ahriman, qui règne sur le monde souterrain. L'un est synonyme de clarté, de vérité, de bonté ; l'autre de ténèbres, de mensonge et de perversité. L'un commande aux génies bienfaisants qui protègent la piété des fidèles ; l'autre aux démons dont la malice provoque tous les maux qui affligent l'humanité. Les deux principes opposés se disputent la domination de la terre, et chacun y a produit des animaux et des plantes favorables ou nuisibles. Tout y est céleste ou infernal. Ahriman et ses démons, qui viennent errer autour des hommes pour les tenter et leur nuire, sont des dieux maléfiques, mais des dieux indépendants de ceux qui forment l'armée secourable d'Ormuzd. Le mage leur sacrifie soit pour détourner les malheurs dont ils le menacent, soit pour les exciter contre les ennemis du vrai croyant. Car les esprits immondes se délectent aux immolations sanglantes, et ils viennent se repaître des vapeurs de la chair fumant sur les autels. Des actes et des paroles redoutables accompagnent toutes ces offrandes. Plutarque (1) nous donne un exemple des sombres sacrifices des mazdéens. « Ils pilent dans un mortier, dit-il, une herbe appelée moly (une espèce d'ail) en invoquant Hadès (Ahriman) et les Ténèbres, puis, mêlant cette herbe au sang d'un loup qu'ils égorgent, ils l'emportent et la jettent dans un lieu où le soleil ne

---

(1) Plutarque, *De Iside*, c. 46.

pénètre pas. » C'est bien là une opération de nécromant.

On comprend quelle force nouvelle une pareille conception de l'univers devait donner à la magie. Elle n'est plus seulement un assemblage disparate de superstitions populaires et d'observations scientifiques. Elle devient une religion à rebours; ses rites nocturnes forment l'effroyable liturgie des puissances infernales. Il n'est aucun miracle que le magicien expérimenté ne puisse attendre du pouvoir des démons, s'il connaît le moyen de les transformer en ses serviteurs; il n'est aucune atrocité qu'il ne puisse inventer pour se rendre propices des divinités mauvaises, que le crime satisfait et que la souffrance réjouit. De là cet ensemble de pratiques impies, célébrées dans l'ombre, et dont l'horreur n'a d'égale que leur ineptie : préparation de breuvages qui troublent les sens et égarent la raison; composition de poisons subtils qu'on extrait de plantes démoniaques et de cadavres qu'a saisis la corruption, fille des enfers; immolations d'enfants pour lire l'avenir dans leurs entrailles palpitantes ou évoquer les revenants. Tous les raffinements sataniques que peut concevoir en un jour de démence une imagination pervertie plairont à la malignité des esprits pervers; plus leur monstruosité sera odieuse, plus certaine sera leur efficacité.

En présence de ces abominations, l'État romain s'émeut, et il les frappe de toute la rigueur de sa justice répressive. Tandis qu'on se contentait d'ordinaire, en cas d'abus constaté, d'expulser de Rome les astrologues — qui se hâtaient d'y rentrer — les magiciens étaient assimilés aux meurtriers et aux empoisonneurs et punis des derniers supplices. On les clouait sur la croix, on les exposait aux bêtes. On poursuivait non seulement l'exercice de leur profession, mais le simple fait de posséder des ouvrages de sorcellerie.

Seulement, il est avec la police des accommodements, et les mœurs furent ici encore plus fortes que les lois. Les rigueurs intermittentes des édits impériaux ne furent pas plus efficaces pour détruire une superstition invétérée que la polémique chrétienne pour la guérir. L'État et l'Église en s'unissant pour la combattre reconnaissaient sa puissance. Ni le premier, ni la seconde n'atteignait la racine du mal et ne niait la réalité du pouvoir exercé par les sorciers. Tant qu'on admit que les esprits malins intervenaient constamment dans les affaires terrestres et qu'il existait des moyens secrets permettant à l'opérateur de les dominer ou de partager leur puissance, la magie fut indestructible. Elle faisait appel à trop de passions humaines pour n'être pas entendue. Si, d'une part, le désir de pénétrer les mystères de l'avenir, la crainte de malheurs inconnus et l'espoir toujours renaissant poussaient les foules anxieuses à chercher une certitude chimérique dans l'astrologie, de l'autre, dans la magie, l'attrait troublant du merveilleux, les sollicitations de l'amour et de l'ambition, l'âpre volupté de la vengeance, la fascination du crime et l'ivresse du sang versé, tous les instincts inavouables dont on cherche dans l'ombre l'assouvissement, exerçaient tour à tour leur séduction. Elle poursuivit à travers tout l'Empire romain son existence occulte, et le mystère même dont elle était forcée de s'entourer augmenta son prestige en lui donnant presque l'autorité d'une révélation.

Une affaire curieuse qui se passa dans les dernières années du ve siècle à Béryte en Syrie nous montre quelle confiance les esprits les plus éclairés gardaient encore à cette époque dans les pratiques de la magie la plus atroce.

Des étudiants de la célèbre école de droit de cette ville voulurent une nuit égorger dans le cirque un esclave, afin que le maître de celui-ci obtînt les faveurs d'une femme qui lui résistait. Dénoncés, ils durent livrer les volumes qu'ils tenaient cachés, parmi lesquels on trouva ceux de Zoroastre et d'Hostanès, avec ceux de l'astrologue Manéthon. La ville fut en émoi, et de nouvelles perquisitions prouvèrent que beaucoup de jeunes gens préféraient à l'étude des lois romaines celle de la science qu'elles prohibaient. Sur l'ordre de l'évêque, on fit un autodafé solennel de toute cette littérature en présence des magistrats et du clergé, après avoir donné lecture publique des passages les plus révoltants, en sorte, dit le pieux auteur qui nous raconte cette histoire, « que chacun apprît à connaître les promesses orgueilleuses et vaines des démons » (1).

Ainsi se perpétuaient encore dans l'Orient chrétien après la chute du paganisme les antiques traditions des mages. Elles devaient y survivre même à la domination de l'Eglise, et, malgré les principes rigoureux de son monothéisme, l'Islam fut infecté par les supers-

(1) Zacharie le Scholastique, *Vie de Sévère* (Patr. Or., II), p. 57 ss.

titions de la Perse. L'art néfaste que celle-ci avait enseigné n'opposa pas en Occident une résistance moins obstinée aux poursuites et aux anathèmes; il restait toujours vivace dans la Rome du ve siècle, et, alors que l'astrologie savante sombra en Europe avec la science même, le vieux dualisme mazdéen continua à s'y manifester à travers le moyen âge jusqu'à l'aurore des temps modernes dans les cérémonies de la messe noire et du culte de Satan.

Sœurs jumelles engendrées par l'Orient superstitieux et érudit, la magie et l'astrologie sont toujours restées les filles hybrides de sa culture sacerdotale. Leur existence est gouvernée par deux principes contraires, le raisonnement et la foi, et leur volonté oscille perpétuellement entre ces deux pôles de la pensée. Elles s'inspirent l'une et l'autre de la croyance en une sympathie universelle, qui suppose entre les êtres et les objets, animés tous pareillement d'une vie mystérieuse, des relations occultes et puissantes. La doctrine des influences sidérales, combinée avec la constatation de l'immutabilité des révolutions célestes, conduit l'astrologie à formuler pour la première fois la théorie d'un fatalisme absolu et préconnaissable. Mais, à côté de ce déterminisme rigoureux, elle conserve la foi de son enfance en des étoiles divines, dont l'homme par sa dévotion peut s'assurer la bienveillance et désarmer la malignité. La méthode expérimentale s'y réduit à compléter les pronostics fondés sur le caractère supposé des dieux stellaires.

La magie, elle aussi, reste à demi empirique, à demi religieuse. Comme notre physique, elle repose sur l'observation, elle proclame la constance des lois de la nature et elle cherche à s'emparer des énergies latentes du monde matériel pour les asservir à la volonté de l'homme. Mais, en même temps, elle reconnaît dans les forces qu'elle prétend se soumettre des esprits ou démons, dont on peut, par des sacrifices et des incantations, se concilier la protection, adoucir la malveillance ou déchaîner l'hostilité furibonde.

Malgré toutes les aberrations où elles s'égarèrent, l'astrologie et la magie n'ont pas été inutiles. Leur savoir mensonger a contribué sérieusement au progrès des connaissances humaines. En entretenant chez leurs adeptes des espérances chimériques et des ambitions fallacieuses, elles les vouèrent à des recherches pénibles, qu'ils n'eussent sans doute pas entreprises ou poursuivies par amour désintéressé du vrai. Les observations que les prêtres de l'antique Orient recueillirent avec une inlassable patience provoquèrent les premières découvertes physiques et astronomiques et, comme à l'époque de la scolastique, les sciences occultes conduisirent aux sciences exactes. Mais celles-ci, en reconnaissant plus tard la vanité des illusions merveilleuses dont elles s'étaient nourries, ruinèrent les fondements de l'astrologie et de la magie, à qui elles devaient leur naissance.

VIII

LA TRANSFORMATION DU PAGANISME ROMAIN

La religion de l'Europe vers l'époque des Sévères devait offrir à l'observateur un spectacle d'une étonnante variété. Les vieilles divinités indigènes, italiques, celtiques ou ibériques bien que détrônées, n'étaient pas mortes. Éclipsées par des rivales étrangères, elles vivaient encore dans la dévotion du petit peuple, dans les traditions des campagnes. Depuis longtemps, dans tous les municipes, les dieux romains s'étaient établis victorieusement, et ils recevaient toujours, selon les rites pontificaux, les hommages d'un clergé officiel. Mais à côté d'eux s'étaient installés les représentants des panthéons asiatiques, et c'était à eux qu'allait l'adoration la plus fervente des foules. Des puissances nouvelles étaient venues d'Asie Mineure, d'Égypte, de Syrie et de Perse, et l'éclat éblouissant du soleil d'Orient avait fait pâlir les astres du ciel tempéré de l'Italie. Toutes les formes du paganisme étaient simultanément accueillies et conservées, tandis que le monothéisme exclusif des Juifs gardait ses adhérents, et que le christianisme amplifiait ses églises et affermissait son orthodoxie, tout en donnant naissance aux spéculations déconcertantes du gnosticisme. Cent courants divers entraînaient les esprits, ballotés et perplexes; cent prédications contraires sollicitaient les consciences. Supposons que l'Europe moderne ait vu les fidèles déserter les églises chrétiennes pour adorer Allah ou Brahma, suivre les préceptes de Confucius ou de Bouddha, adopter les maximes du *shinto*; représentons-nous une grande confusion de toutes les races du monde, où des mollahs arabes, des lettrés chinois, des bonzes japonais, des lamas thibétains, des pandits hindous prêcheraient à la fois le fatalisme et la prédestination, le culte des ancêtres et le dévouement au souverain divinisé, le pessimisme et la délivrance par l'anéantissement, où tous ces prêtres élèveraient dans nos cités des temples d'une architecture exotique et y célébreraient leurs rites disparates; ce rêve, que l'avenir réalisera peut-être, nous offrirait une image assez exacte de l'incohérence religieuse où se débattait l'ancien monde avant Constantin.

Dans la transformation du paganisme latin, les religions orientales qui successivement se répandirent exercèrent une action décisive. Ce fut d'abord l'Asie Mineure qui fit accepter ses dieux à l'Italie. Dès la fin des guerres puniques, la pierre noire qui symbolise la Grande Mère de Pessinonte est établie sur le Palatin, mais ce n'est qu'à partir du règne de Claude que le culte phrygien se développe librement avec toutes ses splendeurs et ses excès. Il introduit dans la grave et terne religion des Romains une dévotion sensuelle, colorée et fanatique. Officiellement reconnu, il attire à lui et prend sous sa protection d'autres divinités étrangères venues d'Anatolie, et il les assimile à Cybèle et à Attis, métamorphosés en divinités panthées. Des influences cappadociennes, juives, persiques et même chrétiennes modifient les vieux rites de Pessinonte et y font pénétrer avec le baptême sanglant du taurobole des idées de purification spirituelle et de rédemption éternelle. Mais les prêtres ne réussissent point à éliminer le fond de naturisme grossier que leur imposait une antique tradition barbare.

Depuis le IIe siècle avant notre ère, les mystères d'Isis et de Sérapis se répandent en Italie avec la culture alexandrine, dont ils sont l'expression religieuse, et, en dépit des persécutions, ils s'établissent à Rome, où ils obtiennent de Caligula le droit de cité. Ils n'apportaient pas un système théologique très avancé, car l'Égypte ne produisit jamais qu'un agrégat chaotique de doctrines disparates, ni une éthique très élevée, car le niveau de sa morale — celle des Grecs d'Alexandrie — ne dépassa que tardivement un étiage médiocre. Mais ils firent connaître d'abord à l'Italie, puis aux provinces latines, un antique rituel d'une incomparable séduction, qui savait surexciter les sentiments les plus opposés dans ses processions éclatantes et dans ses drames liturgiques. Ensuite, ils donnaient à leurs fidèles l'assurance formelle qu'ils jouiraient après la mort d'une immortalité bienheureuse dans laquelle, unis à Sérapis, participant corps et âme à sa divinité, ils vivraient dans la contemplation éternelle des dieux.

A une époque un peu plus récente arrivèrent les Baals de Syrie, multiples et variés. Le grand mouvement économique qui, depuis le commencement de notre ère, amena la colonisation du monde latin par les esclaves et les marchands syriens, ne modifia pas seulement la civilisation matérielle de l'Europe, mais aussi ses conceptions et ses croyances. Les cultes sémitiques firent une concurrence heureuse à ceux de l'Asie Mineure et de l'Égypte. Peut-être n'avaient-ils pas une liturgie aussi émouvante, peut-être ne s'absorbaient-ils pas aussi complètement dans la préoccupation de la vie future, bien qu'ils enseignassent une eschatologie originale, mais ils avaient une idée infiniment plus haute de la divinité. L'astrologie chaldéenne, dont les prêtres syriens furent les disciples convaincus, leur avait fourni les éléments d'une théologie scientifique. Elle les avait conduits à la notion d'un dieu siégeant loin de la terre au-dessus de la zone des étoiles, tout-puissant, universel et éternel, tout ici-bas étant réglé par les révolutions des cieux durant des cycles infinis d'années, et elle leur avait enseigné en même temps l'adoration du Soleil, source radieuse de la vie terrestre et de la raison humaine.

Les doctrines érudites des Babyloniens s'étaient imposées aussi aux mystères persiques de Mithra, qui adoraient comme Cause suprême le Temps infini, identifié avec le Ciel, et divinisaient les astres; mais elles s'y étaient superposées, sans la détruire, à l'ancienne foi mazdéenne. Les principes essentiels de la religion de l'Iran, rival séculaire et souvent heureux de la Grèce, pénétrèrent ainsi dans l'Occident latin sous le couvert de la sagesse chaldéenne. La religion mithriaque, la dernière et la plus haute manifestation du paganisme antique, eut pour dogme fondamental le dualisme perse. Le monde est le théâtre et l'enjeu d'une lutte entre le Bien et le Mal, Ormuzd et Ahriman, les dieux et les démons, et de cette conception originale de l'univers découle une morale forte et pure : la vie est un combat; soldats placés sous les ordres de Mithra, héros invincible, les fidèles doivent constamment s'opposer aux entreprises des puissances infernales, qui sèment partout la corruption. Cette éthique impérative, productrice d'énergie, est le caractère qui distingue le mithriacisme de tous les autres cultes orientaux.

Ainsi chacun des pays du Levant — c'est ce

que nous avons voulu montrer dans cette récapitulation sommaire — avait enrichi le paganisme romain de croyances nouvelles, destinées souvent à lui survivre. Quel fut le résultat de cette confusion de doctrines hétérogènes dont la multiplicité était extrême et la valeur très inégale ? Comment les idées barbares, jetées dans le creuset ardent du syncrétisme impérial, s'y sont-elles affinées et combinées ? En d'autres termes, quelle forme l'antique idolâtrie, tout imprégnée de théories exotiques, avait-elle prise au ive siècle, au moment d'être définitivement détrônée ? C'est ce que nous voudrions essayer d'indiquer sommairement ici, comme conclusion de ces études.

Toutefois, peut-on parler d'*une* religion païenne ? Le mélange des races n'avait-il pas eu pour résultat de multiplier la variété des dissidences ? Le choc confus des croyances n'avait-il pas produit un fractionnement, une comminution des églises, et les complaisances du syncrétisme n'avaient-elles pas favorisé un pullulement des sectes ? Les « Hellènes », disait Thémistius à l'empereur Valens, ont trois cents manières de concevoir et d'honorer la divinité qui se réjouit de cette diversité d'hommages (1). Dans le paganisme, les cultes ne périssent pas de mort violente, ils s'éteignent après une longue décrépitude. Une doctrine nouvelle ne se substitue pas nécessairement à une plus ancienne; elles peuvent coexister longtemps, comme des possibilités contraires suggérées par l'intelligence ou la foi, et toutes les opinions, toutes les pratiques y semblent respectables. Les transformations n'y sont jamais radicales ni révolutionnaires. Sans doute, pas plus au IVe siècle que précédemment, les croyances païennes n'eurent la cohésion d'un système métaphysique ou la rigueur de canons conciliaires. Il y a toujours une distance considérable entre la foi populaire et celle des esprits cultivés, et cet écart devait être grand surtout dans un empire aristocratique, dont les classes sociales étaient nettement tranchées. La dévotion des foules est immuable comme les eaux profondes des mers; elle n'est ni entraînée, ni échauffée par les courants supérieurs. Les campagnards continuaient, comme par le passé, à pratiquer des rites pieux auprès des pierres ointes, des sources sacrées, des arbres couronnés de fleurs

---

(1) Socrate, *Hist. eccl.*, IV, 32.

et à célébrer leurs fêtes rustiques aux semailles ou aux vendanges. Ils s'attachaient avec une ténacité invincible à leurs usages traditionnels. Dégradés, tombés au rang de superstitions, ceux-ci devaient persister durant des siècles sous l'orthodoxie chrétienne sans la mettre sérieusement en péril, et, s'ils ne sont plus notés dans les calendriers liturgiques, ils le sont parfois encore dans les recueils de folklore.

A l'autre pôle de la société, les philosophes pouvaient se plaire à voiler la religion du tissu brillant et fragile de leurs spéculations. Ils pouvaient, comme l'empereur Julien, improviser au sujet du mythe de la Grande Mère des interprétations hardies et quintessenciées, qui étaient accueillies et goûtées dans un cercle restreint de lettrés. Mais ces écarts d'une fantaisie exégétique ne sont, au IVe siècle, qu'une application arbitraire de principes incontestés. L'anarchie intellectuelle est alors bien moindre qu'à l'époque où Lucien mettait « les sectes à l'encan »; un accord relatif s'est établi parmi les païens depuis qu'ils sont dans l'opposition. Une seule école, le néo-platonisme, règne sur tous les esprits, et cette école est non seulement respectueuse de la religion positive, comme l'était déjà l'ancien stoïcisme, mais elle la vénère, parce qu'elle y voit l'expression d'une antique révélation, transmise par les générations disparues; elle regarde comme inspirés par le ciel ses livres sacrés, ceux d'Hermès Trismégiste, d'Orphée, les Oracles chaldaïques, Homère lui-même, surtout les doctrines ésotériques des mystères, et elle subordonne ses théories à leurs enseignements. Comme entre toutes ces traditions disparates, venues de pays si divers et datant d'époques si différentes, il ne peut pas y avoir de contradiction, puisqu'elles émanent d'une divinité unique, la philosophie, *ancilla theologiae*, s'emploiera à les mettre d'accord en recourant à l'allégorie. Et de la sorte s'établit peu à peu, par des compromis entre les vieilles idées orientales et la pensée gréco-latine, un ensemble de croyances dont un consentement universel semble prouver la vérité.

Ainsi, les parties atrophiées de l'ancien culte romain s'étaient éliminées, des éléments étrangers étaient venus lui donner une vigueur nouvelle, s'étaient combinés et modifiés en lui. Ce travail obscur de décomposition et de reconstitution interne avait élaboré insensiblement une religion très différente de celle qu'Auguste avait tenté de restaurer.

A la vérité, si l'on se bornait à lire certains écrivains qui ont combattu l'idolâtrie à cette époque, on serait tenté de croire que rien n'était changé dans la foi nationale des Romains. Ainsi, saint Augustin, dans la « Cité de Dieu », se moque agréablement de la multitude des dieux italiques qui présidaient aux actes les plus mesquins de l'existence (1). Mais ces déités futiles et falotes des vieilles litanies pontificales ne vivaient plus que dans les livres des antiquaires et, de fait, la source du polémiste chrétien est ici Varron. Les défenseurs de l'Église vont chercher des armes contre l'idolâtrie jusque chez Xénophane, le premier philosophe qui se soit posé en adversaire du polythéisme grec. L'apologétique, on l'a fréquemment fait observer, a peine à suivre les progrès des doctrines qu'elle combat, et souvent ses coups n'atteignent plus que des morts. C'est aussi un défaut commun à tous les érudits, à tous ceux qui sont imbus d'une science livresque, de connaître mieux les opinions des auteurs anciens que les sentiments de leurs contemporains et de vivre avec le passé plus volontiers que dans le monde qui les entoure.

(1) Aug., *Civ. Dei*, IV, 21 et passim.

Il était plus aisé de reproduire les objections des épicuriens et des sceptiques contre des croyances abolies que d'étudier, pour en faire la critique, les défauts d'un organisme encore agissant. La culture purement formelle de l'école faisait alors perdre à beaucoup des meilleurs esprits le sens de la réalité.

Ainsi la polémique chrétienne nous donnerait souvent une idée inédéquate du paganisme à son déclin. Lorsqu'elle insiste avec complaisance sur l'immoralité des légendes sacrées, elle ne laisse pas soupçonner que les dieux et les héros de la mythologie n'avaient plus qu'une existence purement littéraire. Les fictions de la fable sont chez les écrivains de cette époque — comme chez ceux de la Renaissance — l'accessoire obligé de toute composition poétique. C'est un ornement de style, un procédé de rhétorique, mais non l'expression d'une foi sincère. Les sophistes, comme Libanius, peuvent farcir leurs discours d'allusions aux féeries archaïques de l'hellénisme tout en célébrant les mérites spirituels des philosophes; esprits cultivés, mais superficiels, ils vivent dans le monde fantastique du passé en s'accommodant de la théologie reçue de leur temps. Le théâtre montre les vieux mythes tombés au dernier degré du discrédit : les acteurs de mimes, qui tournaient en ridicule les aventures galantes de Jupiter, ne croyaient pas plus à leur réalité que l'auteur de *Faust* à celle du pacte conclu avec Méphistophélés.

Il ne faut donc pas se laisser abuser par les effets oratoires d'un rhéteur comme Arnobe ou les périodes cicéroniennes d'un Lactance. L'on doit, pour se rendre compte de l'état réel des croyances, recourir de préférence à des auteurs chrétiens qui ont été moins hommes de lettres et plus hommes d'action, qui ont vécu davantage de la vie du peuple et respiré l'air de la rue, et qui parlent d'après leur expérience plutôt que d'après les traités des mythographes. Ce seront de hauts fonctionnaires comme Prudence ou celui à qui l'on donne depuis Érasme le nom d' « Ambrosiaster »; le païen converti Firmicus Maternus, qui écrivit un traité d'astrologie avant de combattre « l'Erreur des religions profanes »; certains ecclésiastiques que leur ministère pastoral mit en contact avec les derniers idolâtres, comme l'auteur d'homélies attribuées à saint Maxime de Turin; enfin des pamphlets anonymes, œuvres de circonstances, qui respirent l'ardeur de toutes les passions du moment. Si l'on achève cette enquête à l'aide des indications, malheureusement trop peu explicites, que les membres de l'aristocratie romaine restés fidèles à la foi de leurs ancêtres, un Macrobe, un Symmaque, nous ont laissées sur leurs convictions religieuses, si on la contrôle surtout à l'aide des inscriptions, exceptionnellement développées, qui sont comme l'expression publique des dernières volontés du paganisme expirant, on arrivera à se faire une idée suffisamment précise de ce qu'était devenue la religion romaine au moment où elle allait s'éteindre.

Or, un fait se dégagera immédiatement de l'examen de ces documents. L'ancien culte national de Rome est mort. Les grands dignitaires peuvent encore se parer des titres d'augures et de quindécemvirs, comme de ceux de consuls ou de tribuns, mais ces prélatures archaïques sont aussi dépourvues d'influence réelle sur la religion que les magistratures républicaines de pouvoir dans l'État. Leur déchéance a été consommée le jour où Aurélien a établi, à côté et au-dessus des anciens pontifes, ceux du Soleil Invincible, protecteur de son empire. Les cultes encore vivants, contre lesquels se porte l'effort de la polémique chrétienne, qui se fait plus amère lorsqu'elle parle d'eux, sont ceux de l'Orient. Les dieux barbares ont pris dans la dévotion des païens la place des Immortels défunts. Ce sont les seuls qui exercent encore leur empire sur les âmes.

Firmicus Maternus combat, avant toutes les autres « religions profanes », celles des quatre nations orientales, et il les met en relation avec les quatre éléments. Les Égyptiens sont les adorateurs de l'eau — de l'eau du Nil qui féconde leur pays —, les Phrygiens, de la terre, qui est pour eux la Grande Mère de toutes choses —, les Syriens et les Carthaginois, de l'air, qu'ils vénèrent sous le nom de Junon céleste —, les Perses enfin, du feu, à qui ils donnent la prééminence sur les trois autres principes. Ce système est certainement emprunté aux théologiens païens. Dans le péril commun qui les menace, les cultes autrefois rivaux se sont réconciliés et se regardent comme des divisions d'une même église, dont leurs clergés forment, si j'ose dire, les congrégations. Chacun d'eux est consacré particulièrement à l'un des éléments dont la combinaison forme l'univers; leur ensemble constitue la religion panthéiste du monde divinisé.

Toutes les dévotions venues du Levant ont pris la forme de mystères. Ceux-ci se sont associés aux anciens mystères grecs, ceux de Dionysos et d'Hécate, qui, avant de s'introduire à Rome, se sont eux-mêmes orientalisés. Leurs dignitaires sont en même temps pontifes du Soleil Invincible, pères de Mithra, tauroboliés de la Grande Mère, prophètes d'Isis, archibouviers de Bacchus, hiérophantes d'Hécate, ils portent en un mot tous les titres imaginables. Ils reçoivent dans leurs initiations, que multiplie leur ferveur, la révélation d'une doctrine ésotérique. Quelle est la théologie qu'on leur enseigne ? Une certaine homogénéité dogmatique s'est aussi établie.

Tous les écrivains sont d'accord avec Firmicus pour reconnaître que les païens adorent les *Elementa*. Par là, on n'entendait pas seulement les quatre substances simples dont l'opposition et le mélange produisent tous les phénomènes du monde sensible, mais aussi les astres et en général les principes de tous les corps célestes ou terrestres.

On peut donc, en un certain sens, parler d'un retour du paganisme au culte de la nature, mais a-t-on le droit de considérer cette transformation comme une régression vers un passé barbare, comme une décadence jusqu'au niveau de l'animisme primitif ? Ce serait être dupe d'une apparence. Les religions vieillissantes ne retombent pas en enfance. Les païens du ive siècle, ne regardent plus naïvement leurs dieux comme les génies capricieux, comme les puissances désordonnées d'une physique confuse, ils les conçoivent comme des énergies cosmiques dont l'action providentielle est réglée dans un système harmonieux. La croyance n'est plus instinctive et impulsive; l'érudition et la réflexion ont reconstitué toute la théologie. En un certain sens, on peut dire que celle-ci, selon la formule de Comte, a passé de l'état fictif à l'état métaphysique. Elle est étroitement unie à la science du temps, que ses derniers fidèles cultivent avec amour et avec orgueil, en héritiers fidèles de l'antique sagesse de l'Orient et de la Grèce. Elle n'est souvent qu'une forme religieuse de la cosmologie de l'époque — c'est à la fois sa force et sa faiblesse — et les principes rigoureux de l'astrologie déterminent la conception qu'elle se fait du ciel et de la terre.

L'univers est un organisme qu'anime un Dieu unique, éternel, tout-puissant. Parfois on identifie ce Dieu au Destin qui domine toutes choses, au Temps infini qui règle tous les phénomènes sensibles, et on l'adore dans chacune des subdivisions de cette durée sans borne, surtout dans les Mois et les Saisons. Parfois, au contraire, on le compare à un roi; on se le figure pareil au César qui gouverne l'Empire, et les dieux particuliers sont alors les préfets et les comtes qui intercèdent auprès du prince pour leurs subordonnés et les introduisent en quelque sorte en sa présence. Cette cour céleste a ses messagers ou « anges » qui signifient aux hommes les volontés de leur maître et apportent à celui-ci les vœux et les requêtes de ses sujets : une monarchie aristocratique règne dans le ciel comme sur la terre. Une conception plus philosophique fait de la divinité une puissance infinie, imprégnant la nature entière de ses forces débordantes : « Il n'existe, écrivait vers 390 Maxime de Madaure (1), qu'un Dieu suprême et unique, sans commencement et sans descendance, dont nous invoquons, sous des vocables divers, les énergies répandues dans le monde, parce que nous ignorons son nom véritable, et, en adressant nos supplications séparément à ses divers

---

(1) Saint Augustin, *Epist.*, 16 (48).

membres, nous entendons l'honorer tout entier. Grâce à l'intermédiaire des dieux subalternes, ce Père commun et d'eux-mêmes et de tous les mortels est honoré de mille manières par les humains, qui restent ainsi d'accord dans leur désaccord. »

Ce Dieu ineffable, qui embrasse tout dans sa compréhension, se manifeste cependant par excellence dans la clarté resplendissante du Ciel éthéré. Il révèle sa puissance dans l'eau et le feu, dans la terre, la mer et le souffle des vents, mais son épiphanie la plus pure, la plus éclatante, la plus active, se produit dans les Astres, dont les révolutions déterminent tous les événements et toutes nos actions, et surtout dans le Soleil, moteur des sphères célestes, foyer inépuisable de lumière et de vie, créateur ici-bas de toute intelligence. Certains théologiens, comme le sénateur Prétextat, que met en scène Macrobe (1), confondaient, dans une syncrasie radicale, toutes les anciennes divinités du paganisme avec le Soleil.

De même qu'une observation superficielle induirait à croire que la théologie des derniers

---

(1) Macrobe, *Sat.*, I, 17 ss.

païens était remontée à ses origines premières, de même la transformation du rituel pourrait sembler à première vue un retour à la sauvagerie. Sans doute, avec l'adoption des mystères orientaux se répandent des pratiques barbares, cruelles et obscènes : déguisement en animaux dans les initiations mithriaques, danses sanglantes des galles de la Grande Mère, mutilation des prêtres syriens Le culte de la nature est primitivement aussi « amoral » que le spectacle même de la nature. Mais un spiritualisme éthéré transfigurait idéalement la grossièreté de ces coutumes primitives. Comme la doctrine est tout imprégnée de philosophie et d'érudition, la liturgie est toute pénétrée de préoccupations éthiques. Le taurobole, douche répugnante de sang tiède, est devenu un moyen d'obtenir une renaissance éternelle; les ablutions rituelles ne sont plus un acte extérieur et matériel, elles sont censées purifier l'âme de ses souillures et lui rendre son innocence première : les repas sacrés lui communiquent une vertu intime et lui offrent des aliments de vie spirituelle. Tout en s'efforçant de maintenir la continuité de la tradition, on avait peu à peu transformé son contenu. Comme les cérémonies du culte, les fables les plus choquantes et les plus licencieuses étaient métamorphosées en récits édifiants grâce à des interprétations complaisantes et subtiles, où se jouait l'esprit de mythologues lettrés. Le paganisme était devenu une école de moralité, le prêtre un docteur et un directeur de conscience.

La pureté, la sainteté que donne la pratique des cérémonies sacrées sont la condition indispensable pour obtenir la vie éternelle. Les mystères promettent à leurs initiés une immortalité bienheureuse et prétendent leur révéler des moyens infaillibles de faire leur salut. Suivant un symbole généralement accepté, l'esprit qui nous anime est une étincelle détachée des feux qui resplendissent dans l'éther; il participe à leur divinité et il est, croit-on, descendu sur la terre pour y subir une épreuve. On peut dire à la lettre que

L'homme est un dieu tombé, qui se souvient des cieux

Après avoir quitté leur prison corporelle, les âmes pieuses remontent vers les espaces célestes, où se meuvent les astres divins, pour aller vivre à jamais dans la clarté infinie au-dessus des sphères étoilées.

Mais à l'autre extrémité du monde, en face de ce séjour lumineux, s'étend le sombre royaume des démons pervers. Adversaires irréconciliables des dieux et des hommes de bien, ils sortent constamment des régions infernales pour vaguer à la surface de la terre, où ils répandent tous les maux. Le fidèle doit sans cesse lutter contre leurs entreprises avec l'aide des esprits célestes, et chercher à détourner leur courroux par des sacrifices sanglants. Mais le magicien sait aussi, par des procédés occultes et terribles, les assujettir à son pouvoir et les faire servir à ses desseins, et cette démonologie, fruit monstrueux du dualisme perse, favorise le débordement de toutes les superstitions.

Toutefois, le règne des puissances du mal ne doit pas durer toujours. Selon l'opinion commune, quand les temps seront révolus, l'univers sera détruit par le feu. Tous les méchants périront, et les justes, qui ressusciteront, établiront dans le monde rénové le règne de la félicité universelle.

Voilà donc, rapidement esquissée, la théologie du paganisme telle qu'elle était constituée après trois siècles de pénétration orientale. D'un fétichisme grossier et de superstitions sauvages, les sacerdoces érudits des cultes asiatiques avaient peu à peu fait sortir toute une métaphysique et une eschatologie, comme les Brahmanes ont édifié le monisme spiritualiste du Vedânta à côté de l'idolâtrie monstrueuse de l'hindouisme, ou, pour rester dans le monde latin, comme les juristes ont su tirer des coutumes traditionnelles de tribus primitives les principes abstraits d'un droit qui régit les sociétés les plus cultivées. Cette religion n'est plus seulement, comme celle de l'ancienne Rome, un ensemble de rites propitiatoires, averruncatoires et expiatoires qui doivent être pratiqués par les citoyens pour le bien de l'État, elle prétend maintenant offrir à tous les hommes une explication de l'univers, d'où découle une règle de conduite et qui place dans l'au-delà le but de l'existence. Elle est plus éloignée du culte qu'avait prétendu restaurer Auguste que du christianisme qui la combat. Les deux croyances opposées se meuvent dans la même sphère intellectuelle et morale, les deux cultes rivaux tendent vers la même fin, qui est d'assurer la béatitude éternelle, et, de fait, on passe alors de l'un à l'autre sans secousse et sans déchirement. Parfois, en lisant de longs ouvrages des derniers écrivains latins, un Ammien Marcellin, un Boèce, ou encore les panégyriques des orateurs officiels, les érudits ont pu se demander si leurs auteurs étaient païens ou chrétiens, et les membres de l'aristocratie romaine restés fidèles aux dieux de leurs ancêtres n'avaient pas, du temps des Symmaque et des Prétextat, une mentalité ni une moralité très différentes de celles des partisans de la foi nouvelle qui siégeaient avec eux au sénat. L'esprit religieux et mystique de l'Orient s'était peu à peu imposé à la société entière, et il avait préparé tous les peuples à se réunir dans le sein d'une Église universelle.

APPENDICE

LES MYSTÈRES DE BACCHUS A ROME

Nous n'avons rencontré qu'incidemment dans ces conférences les mystères de Dionysos, qui, probablement originaires de la Thrace, devinrent presque aussi grecs que ceux d'Éleusis. Mais, à la différence de ceux-ci, qui restèrent toujours attachés au sol de l'Attique, ils se répandirent après les conquêtes d'Alexandre dans tous les royaumes des diadoques, et Dionysos y ayant été, selon la coutume des anciens, identifié avec divers dieux indigènes, il y prit un caractère à demi oriental. Les mystères de Bacchus qui s'introduisirent en Italie étaient ainsi un culte composite, plus ou moins asiatique ou égyptien — des découvertes récentes ont achevé de le démontrer — et pour compléter le tableau que nous avons esquissé des religions orientales dans le paganisme romain, il nous faut essayer de marquer au moins en quelques traits ce qu'apporta en Occident ce dieu aux multiples aspects.

Au moment où s'écroula l'empire des Achéménides, Dionysos était depuis longtemps vénéré par tous les Hellènes. Le dieu du vin, que les tribus sauvages du Nord adoraient avec des élans frénétiques, avait communiqué aux Grecs un enthousiasme extatique qu'ils ignoraient avant lui, et ils avaient transformé cette possession violente, selon les qualités de leur race, pour la faire servir aux plus hautes fonctions esthétiques et religieuses : le dithyrambe, la tragédie, la comédie naquirent sous les auspices de Bacchus; Éleusis et Delphes reçurent de lui une mystique et une mantique plus profondes et plus saisissantes; il nourrit les âmes de consolations et d'espérances et leur ouvrit les perspectives infinies d'une immortalité bienheureuse. Mais, si ses mystères étaient ainsi devenus le bien commun de tous les peuples de la Grèce civilisée, les rudes Macédoniens les regardaient toujours comme leur appartenant en propre, et les conquérants de l'Asie les introduisirent partout où ils fondèrent des colonies. Alexandre ne passait-il pas lui-même pour le fils d'Olympias et du Bacchus thrace ? Aucun autre dieu ne jouit d'une faveur égale dans les diverses régions du monde hellénisé.

Dans toute l'Asie Mineure, depuis la mer Égée jusqu'au fond du Pont-Euxin et aux vallées du Taurus, cent cinquante cités l'honoraient à l'envi, comme le prouvent les inscriptions et les monnaies. A Pergame, Dionysos Καθηγεμών était, comme Zeus Sabazios, officiellement adoré dans un temple desservi par des prêtres nommés par les rois. Ceux-ci le regardaient comme l'auteur de leur race, et son culte, à la fois public et secret, était étroitement uni à celui des souverains divinisés. Les empereurs romains devaient plus tard se substituer aux Attalides.

En Syrie, le dieu de la vigne n'était pas moins populaire et les Araméens le rapprochèrent de leurs Baals locaux, comme les Arabes l'identifièrent avec leur grande divinité, Dusarès. Le monothéisme des Juifs n'empêcha pas qu'on regardât Iahvé lui-même comme son équivalent, et jusqu'à Suse, l'ancienne capitale des Grands Rois, un hymne grec, composé par un poète du cru, célèbre Dionysos comme divinité solaire (1).

En Égypte, dès l'époque d'Hérodote, l'identité de Dionysos et d'Osiris était généralement admise, et peut-être cette croyance était-elle partiellement justifiée. Lorsque, sous Ptolémée Soter, le dieu des morts honoré à Memphis devint le Sérapis gréco-égyptien, la même assimilation se perpétua sous une forme à peine modifiée, et l'on trouve désormais des dédicaces à Dionysos-Sérapis. A la fin du IIIe siècle, Ptolémée IV Philopator se distingua par la ferveur de sa dévotion dionysiaque. Peut-être même tenta-t-il de faire des mystères de Bacchus une religion officielle à laquelle tous ses sujets, grecs, égyptiens et juifs, pourraient ou plutôt devraient participer. Un papyrus nous a révélé le texte d'un édit de Philopator enjoignant à tous ceux qui, dans le pays, initient aux mystères de Dionysos, de se présenter à Alexandrie devant un fonctionnaire royal : ils lui feront connaître par qui leur a été transmis le culte, en remontant jusqu'à la troisième génération, et lui remettront sous pli scellé la teneur de la doc-

(1) *Mémoires de la Délég. en Perse*, XX, 1928.

trine sacrée. Quel qu'ait été le motif de cette mesure, on voit qu'elle soumettait le clergé et son enseignement à la surveillance des autorités, à la fois pour prévenir des abus et mettre fin à tout non-conformisme, en unifiant les rites.

Ptolémée Philopator mourut en 205; en 186 éclata à Rome le tragique scandale des Bacchanales, et l'on a mis en rapport les mesures de police religieuse prises par le roi avec la diffusion de ces mystères en Italie, soit que la propagande qui, en Égypte, provoquait les vocations dionysiaques se fût simultanément exercée dans la Grande Grèce, soit que les prêtres, dont les fonctionnaires des Lagides contrariaient le zèle, soient venus en missionnaires dans ce pays. Mais si ce prosélytisme supposé a pu y donner une impulsion nouvelle à la religion bachique, il ne l'y a pas introduite. A une époque bien antérieure, Tarente, Locres et d'autres colonies helléniques associaient le dieu du vin aux divinités des enfers. Au IVe et au IIIe siècles, les vases peints qu'on déposait dans les sépultures montrent les rapports étroits qu'on établissait entre le culte de Bacchus et la vie d'outre-tombe, et une curieuse inscription de Cumes, qui exclut d'un cimetière les non-initiés, atteste l'importance que les thiases attachaient aux rites funéraires pour le salut de leurs membres.

Du midi de l'Italie, cette religion de salut se propagea jusqu'au centre de la péninsule. On a supposé avec vraisemblance que la foule des captifs ramenés de Tarente, lors de la prise de la ville par Fabius (208 av. J.-C.), et du reste de la Grande Grèce pendant les dernières années de la deuxième guerre punique, avaient répandu dans le Latium un culte très populaire dans leur patrie, et que, parmi ces étrangers, les mystères avaient aisément recruté leurs sectateurs. Selon la tradition, un prêtre grec les aurait apportés en Étrurie, d'où ils pénétrèrent d'abord à Rome. Mais ce fut une prêtresse de Campanie qui les y transforma, sans doute à l'exemple de ceux qu'à cette époque on pratiquait dans son pays.

Les Latins avaient un très ancien culte de *Liber pater*, formant couple avec *Libera*, dieu de la fécondité qu'on croyait se rendre propice par des rites phalliques. Cette déité indigène se confondit de bonne heure avec Bacchus, et, dès le commencement de la République, Déméter, Dionysos et Koré, venus sans doute de Campanie, étaient adorés sous les noms de Cérès, Liber et Libéra dans un temple situé près du Grand Cirque sur l'Aventin. Mais, s'il était d'origine hellénique, ce culte agricole des Romains n'avait rien de secret ni de mystique.

Les Bacchanales, qui conquirent brusquement une foule d'adeptes au début du IIe siècle, avaient un caractère bien différent. On jurait en y entrant de ne rien révéler de leurs rites cachés; les initiés des deux sexes se réunissaient la nuit dans le « bois sacré de Sémélé », au pied de l'Aventin, près du Tibre; les ululations des célébrants s'y mêlaient au vacarme des cymbales et des tambourins. Le vin grisait les convives dans les banquets liturgiques, des balancements prolongés du corps faisaient perdre la conscience aux bacchants qui, hors d'eux-mêmes, se prenaient à vaticiner, comme les galles de la déesse Syrienne ou les *fanatici* de Bellone. Nous avons manifestement affaire ici à une forme orientalisée des vieux mystères dionysiaques.

Malgré la défiance qu'éveille le récit romanesque de Tite-Live (1), en dépit du scepticisme qu'on peut éprouver pour des accusations d'im-

---

(1) T. Live, XXXIX, 8 ss.

moralité qui ont toujours été colportées contre les conventicules occultes, et bien qu'un intérêt politique poussât le Sénat à supprimer des associations secrètes largement répandues, les Bacchanales offraient certainement de quoi justifier l'interdiction dont elles furent frappées. Les banquets, abondamment arrosés de vin, dégénéraient facilement en orgie, et, dans un culte phallique, le mélange des sexes à des réunions nocturnes favorisait tous les dévergondages. Les cérémonies qu'on y célébrait rappelaient probablement le meurtre de Dionysos enfant déchiré par les Titans, et il n'est pas impossible que, dans l'emportement de leur fureur sacrée, les bacchants aient parfois mis en pièces des victimes humaines. Mais même si ces Bacchanales avaient été pures de toutes les turpitudes qu'on leur reprochait, leurs cérémonies bruyantes, excessives, extatiques, heurtaient violemment les principes de mesure, d'ordre et de froide moralité que le Sénat s'efforçait de maintenir dans la religion comme dans l'État (p. 44).

La répression à Rome fut sanglante : on estimait le nombre des initiés à sept mille, et beaucoup d'entre eux furent exécutés. La lutte armée contre les sectateurs de Bacchus se poursuivit à Tarente jusqu'en 184; on les traquait encore dans l'Apulie en 181. Ce fut une guerre d'extermination.

Après cette persécution impitoyable, le silence règne sur les mystères de Dionysos en Italie pendant un siècle et demi. Une notice précieuse dans sa brièveté nous apprend que César les « transporta le premier » à Rome, c'est-à-dire qu'il les y réintroduisit et qu'ils s'y perpétuèrent depuis lors. D'où furent-ils importés ? Quel motif eut le dictateur de les favoriser ? On ne nous le dit pas, mais il est vraisemblable qu'il les emprunta à Alexandrie, alors la ville modèle dont Rome aimait à s'inspirer (p. 131): nous avons des preuves que plus tard les mystères alexandrins de Bacchus avaient encore ici des adeptes. Sans doute César voulut-il opposer aux cultes secrets et suspects de l'Orient, qui se propageaient déjà dans la population mêlée de la capitale, les Bacchanales assagies et policées, telles qu'on les pratiquait dans l'état bien ordonné des Ptolémées depuis le règne de Philopator. A la fin de la République et au début de l'Empire, les divinités asiatiques et égyptiennes trouvaient leurs fidèles surtout parmi les pérégrins et les esclaves et dans la plèbe qui en était issue. Une aristocratie conservatrice repoussait encore, dans son ensemble, ces dévotions exotiques. Ceux de ses membres qu'un esprit religieux ou l'espoir d'assurer leur salut inclinaient vers les cultes mystiques, s'ils ne participaient pas aux conventicules pythagoriciens, allaient recevoir l'initiation à Éleusis ou bien se faisaient révéler les rites dionysiaques. Les déesses d'Éleusis et surtout Bacchus, avec leur liturgie, sont à Rome des sujets de décoration fréquemment reproduits vers cette époque. Les stucs et les peintures de la Farnésine, les plaques Campana, qui datent pareillement du Ier siècle, leur réservent une large place, tandis que l'Orient n'y est pas encore représenté. Il en est de même des peintures de Pompéi depuis Sylla jusqu'à Auguste. Notamment la décoration de la villa Item, où d'admirables fresques, entourant une salle, représentent les scènes d'une initiation dionysiaque, si elle ne démontre pas que les mystères y aient été célébrés, fournit du moins un indice de la place qu'ils occupaient dans les préoccupations religieuses du maître de cette somptueuse demeure. Elle décèle en même temps l'influence d'Alexandrie, où l'artiste a sans doute cherché les modèles dont il s'est inspiré.

Mais l'Égypte ne fut pas la seule contrée d'où Rome tira sa dévotion au Bacchus oriental. Celle-ci, nous l'avons vu, avait de nombreux adorateurs dans toute l'Anatolie et ils apportèrent en Italie leur culte asiatique. C'est ce qu'on pouvait déjà inférer d'une épitaphe métrique de l'époque des Antonins, où un prêtre rappelle qu'il a célébré dignement les mystères de la Mère des dieux et de Dionysos Καθηγεμών, la divinité de Pergame. Mais un document qui vient d'être publié (1) nous fournit sur ce point des indications d'une précision merveilleuse. Une base de marbre trouvée, dit-on, à Tusculum, et provenant sans doute d'une villa suburbaine, porte une dédicace grecque à la prêtresse Agrippinilla, offerte par les mystes, au nombre de près de cinq cents, dont les noms sont classés suivant leur fonction liturgique. La hiérarchie des prêtres et des initiés avec leurs multiples fonctions nous est ainsi pour la première fois révélée tout entière. On remarque à leur tête une dadouque et deux hiérophantes,

(1) Vogliano, *Röm. Mitt.*, 1929.

comme à Éleusis, dont l'action semble s'être exercée sur ces mystères comme sur ceux de la Grande Mère.

Or, l'on a reconnu que la prêtresse dont la statue devait se dresser sur ce piédestal, n'était autre que Pompéia Agrippinilla, dont le mari fut consul en l'an 217 et le fils en 150. Elle appartenait à une famille opulente de l'île de Lesbos. Son mari était un de ces fonctionnaires impériaux, issus de l'aristocratie municipale des provinces d'Orient, qui, sous le règne d'Hadrien, remplissaient déjà le Sénat. Leurs villas romaines étaient peuplées de serviteurs amenés de leur pays d'origine, et ces esclaves domestiques de maîtres anatoliens formaient la confrérie des mystes, dont l'onomastique révèle la patrie. Ainsi c'est le culte dionysiaque, sous la forme où il était pratiqué en Asie, dans l'ancien royaume de Pergame, que les riches sénateurs venus de cette province avaient transplanté tel quel dans leur nouvelle résidence.

Rome accueillit donc successivement un Dionysos égyptisant et un Dionysos asiatique; elle devait encore, au début du IIIe siècle, recevoir un Dionysos africain, ou plutôt phénicien. Septime-Sévère y construisit un vaste temple de Bacchus et d'Hercule, les dieux protecteurs de sa ville natale, Leptis Magna; mais nous ignorons si des mystères y étaient célébrés. Les sujets dévoués à sa dynastie multiplièrent les chapelles consacrées aux deux divinités associées. Les Romains n'avaient pas déraciné à Leptis la forte culture sémitique qu'y avaient implantée les Sidoniens dès avant la domination carthaginoise, et le Bacchus qui apparaît sur les monnaies à légende punique, était une déité phénicienne plutôt que berbère.

Dans toute l'Afrique romaine, *Liber pater* avait conquis de nombreux sectateurs, et sa popularité s'explique par la préexistence d'un dieu punique des vendanges qu'on rapprocha de celui qui avait été importé d'Italie. Au temps de Saint-Augustin, les décurions et les principaux bourgeois parcouraient encore les rues de Madaure dans un cortège orgiaque qu'agitait une exaltation tumultueuse. De même en Illyrie, Liber et Libéra s'étaient substitués à un couple d'anciennes divinités indigènes et les monuments de leur culte sont nombreux jusqu'en Dacie et au rivage du Pont-Euxin. Si dans d'autres provinces, les inscriptions mentionnant ces dieux sont plus rares, une heureuse trouvaille nous indique parfois que les mystères orientalisés de Bacchus y avaient pénétré. Aux confins de la Germanie, à Cologne, une dédicace curieuse est consacrée « à Sémélé et aux déesses ses sœurs » par une femme qui avait obtenu le titre sacré de « Mère » le grade le plus élevé de l'initiation, et la mention d'un « Père », qui a présidé à la dédicace, semble déceler une alliance avec la religion de Mithra, dans laquelle au *Haoma*, la liqueur capiteuse du mazdéisme, s'était substituée la personnification divine du vin, Bacchus.

Mais on réduirait singulièrement l'influence religieuse de ces mystères si l'on tenait seulement compte, pour l'apprécier, des documents écrits qui mentionnent le nom de Dionysos ou celui de Liber. Elle se manifeste sur une quantité immense de monuments funéraires qui représentent le banquet d'outre-tombe, ou sur lesquels s'ébattent des Satyres et des Ménades, ou qui sont ornés de symboles bachiques. Aucune décoration n'a été aussi largement répandue sur les sarcophages et les stèles ou dans les tombeaux, et elle atteste la vaste diffusion des croyances dionysiaques à une vie future. C'est là le point essentiel dans la doctrine des mystères et le secret de leur action. A l'origine, l'ivresse que provoquaient ces orgies barbares, le délire sacré qu'elles communiquaient à leurs adeptes étaient certainement, comme dans les fêtes des tribus primitives, l'unique jouissance qu'on recherchât et la seule fin qu'on se proposât. Mais la doctrine d'une immortalité bienheureuse, qu'y avait introduite l'orphisme, prit une prépondérance de plus en plus grande à mesure que s'atténuait la sauvagerie de rites dont les *Bacchantes* d'Euripide dépeignent fortement la violence impétueuse. A Rome, plus de courses nocturnes de Ménades échevelées, secouant à grands cris leurs thyrses, la tête renversée, et entraînées à travers les campagnes par un emportement irrésistible jusqu'au moment où, hors d'elles-mêmes, arrivées au paroxysme de l'exaltation, elles se sentaient remplies de la furie cruelle d'un dieu inhumain. Les mystes ne déchiraient plus un taureau, horrible curée, ni même un chevreau ou un faon pour en dévorer les chairs pantelantes et en sucer le sang encore chaud, afin de s'assimiler les vertus merveilleuses de l'animal divin. Ces cérémonies répugnantes, dignes des Aïssâouas d'Afrique, survivaient peut-être, héritage d'une époque archaïque, dans certaines vallées écartées de la Crète ou des Balkans. En Occident, un simulacre remplaçait sans doute la réalité brutale d'une époque incivilisée. Le culte romain est le successeur de ceux dont les excès avaient été bannis ou tempérés dans les États bien ordonnés des Attalides et des Ptolémées. Le souci d'éviter tout désordre, en des réunions où l'ébriété pouvait aisément le faire naître, se marque dans le règlement du thiase des *Iobacches*, qui célébraient leurs banquets à Athènes du temps des Antonins : ceux qui provoquaient des querelles ou faisaient du vacarme étaient frappés d'amende ou expulsés de la salle du festin.

Les anciens, qui n'avaient guère de théologie, s'attachaient avec une fidélité d'autant plus tenace au rituel, et la tradition d'un très vieux cérémonial se perpétuait encore à l'époque impériale. Nous n'avons sur l'initiation dionysiaque durant cette période que des indications éparses et les monuments figurés doivent suppléer souvent à la pénurie des textes. Le néophyte était purifié par les éléments : par le feu à l'aide d'une torche et de soufre, par l'eau lustrale, dont l'aspergeait une branche humide de laurier, par l'air, qu'on agitait en secouant le van mystique; berceau où, selon la légende, avait été déposé Bacchus enfant, le van, qui épure le blé en le dépouillant du son, exerçait aussi sur les âmes une action cathartique. Des formules sacrées étaient lues à haute voix. Enfin on découvrait le phallus, qu'on portait caché sous une étoffe, et on le faisait tomber, semble-t-il, avec d'autres symboles sur la tête du néophyte incliné. Des souvenirs d'un naturalisme grossier se conservaient dans un culte évolué et les phallophories primitives n'avaient pas disparu de la Rome des Césars. D'autres cérémonies nous restent inconnues, mais l'effet de l'initiation était de faire du myste un « Bacchus » (Βάκχος), c'est-à-dire, en l'assimilant à son dieu, de lui assurer une béatitude éternelle.

Cette immortalité était conçue comme une fête perpétuelle analogue à celles qui réjouissaient les fidèles sur la terre. On célébrait ici des festins où le vin était versé à profusion et où régnait une douce ébriété. Cette ivresse, qui délivrait l'esprit des soucis et donnait l'illusion d'une vie plus heureuse et plus intense, était regardée comme une possession divine et une prélibation des joies d'outre-tombe. Les banquets étaient égayés par des danses et accompagnés d'une musique qui, croyait-on, purifiait les âmes. A la course éperdue du cortège aviné, se précipitant sur les pentes des montagnes, s'étaient substituées des processions de Silènes, de Bouviers et de Satyres bondissant dans les parvis des temples ou les rues des cités.

Toutes ces réjouissances devaient se répéter indéfiniment dans une autre vie. Le mort était accueilli dans les prés fleuris des Champs-Élysées par l'essaim joyeux des initiés ; il y prenait part, dans la sérénité d'un air toujours pur, aux ébats excitants des Satyres et des Ménades. Mais surtout il y participait à la gaîté d'un banquet sans fin, où les convives, au son des instruments et des chants, s'enivraient des délices d'un vin inépuisable.

Cette conception toute matérielle de la vie future n'était pas très haute et les plaisirs sensuels promis aux initiés ne paraissent pas d'une qualité très relevée, mais cette médiocrité même les rendait capables de séduire les esprits grossiers, et les foules y restèrent longtemps attachées. D'autres cultes, venus plus tard, promettaient aux âmes pieuses des récompenses moins vulgaires. Les esprits distingués pouvaient être séduits davantage par la religion astrale, qui offrait à ses élus la perspective de contempler à jamais la beauté resplendissante des dieux sidéraux et de recevoir la révélation intégrale de tous les secrets de l'univers. Certaines tentatives furent faites pour élever au même niveau les vieilles bacchanales. Dionysos avait été, depuis une haute antiquité, regardé comme un dieu solaire. Son culte put être ainsi rapproché de celui du Soleil invincible, conducteur des astres et maître de l'univers. Le repas d'outre-tombe devint le festin céleste des bienheureux et l'ivresse des âmes qui y prennent part fut présentée comme un ravissement de la raison pénétrée par l'intelligence divine.

Ainsi, les antiques « orgies » qui, au vi[e] siècle avant notre ère, avaient pénétré de Thrace en Grèce avec l'orphisme étaient, quand l'ascendant de l'hellénisme s'imposa à l'Orient, devenues asiatiques en Asie, égyptiennes en Égypte, et elles devaient, en absorbant dans les provinces romaines une foule d'éléments hétérogènes, en essayant de transformer leur esprit par des interprétations philosophiques, durer un millier d'années, jusqu'aux derniers jours du paganisme. Il s'opéra alors, nous l'avons dit (p. 319), une concentration des forces païennes contre la menace chrétienne, et au IVe siècle Bacchus fut amené à combattre l'ennemi commun aux côtés des autres dieux de l'Orient. A Rome, les « archibouviers » de « Liber » sont en même temps hiérophantes d'Hécate, prêtres d'Isis, taurobolisés de la Grande Mère, Pères de Mithra et ils participent ainsi à la fois aux mystères helléniques, égyptiens, phrygiens et perses. Les Baals aussi furent associés à Dionysos, dont on a mis au jour une statue dorée dans le temple syrien du Janicule. Pareillement, en Afrique, jusqu'à l'époque de Saint Augustin, nous l'avons vu, les bacchanales du dieu punique, devenu romain, remplissaient les cités de leur fureur sacrée et attiraient les initiés dans le secret des sanctuaires. Le dernier empereur païen, Julien l'Apostat, instruit par les commentaires de Jamblique sur la théurgie, connaissait encore le sens caché des mystères dionysiaques, toujours pratiqués sous son règne.

L'action de ces mystères ne devait pas s'éteindre avec la fermeture des temples et l'interdiction du culte des idoles. La vigne, « la vraie vigne », qui produit le vin de la communion, fut substituée par l'Église à celle qu'avait fait fleurir Bacchus, et l'idée du banquet céleste devait se perpétuer à travers les âges dans la littérature et dans l'art; les symboles d'immortalité que la religion dionysiaque avait répandus à profusion, scènes de vendange, pasteurs avec le *pedum* foulant aux pieds le raisin, génies avec le thyrse, devaient être reproduits indéfiniment par la peinture des catacombes et la sculpture des sarcophages chrétiens. Lorsque, vers 360, fut construit sur la voie Nomentane le mausolée circulaire de Constance, fille de Constantin, on en revêtit les parois d'une charmante décoration de mosaïques, où, parmi les rinceaux de pampres, s'insèrent partout des tableaux et des motifs bachiques, qui se retrouvent même sur le sarcophage de porphyre de la princesse sanctifiée. Dans le pavement se voit aussi un autel, où est posée une coupe qui attire vers elle un papillon, gracieux emblème de l'âme qui vient boire dans le calice la liqueur divine d'immortalité.

TABLE DES MATIÈRES

	Pages
Préface	IX
Chapitre I. — Rome et l'Orient. — Les sources..	1

Supériorité de l'Orient, 1. — Son influence sur les institutions politiques, 4; — sur le droit privé, 7; — sur la science, 8; — sur les lettres, 9; — sur l'art, 11; — sur l'industrie, 13. — Conclusion. Destruction des rituels païens, 16. — Les mythographes, 18. — Les historiens, 19. — Les satiriques, 20. — Les philosophes, 21. — Les écrivains chrétiens, 22. — Les documents épigraphiques et archéologiques, 24.

Chapitre II. — Pourquoi les cultes orientaux se sont propagés	30

Différences religieuses de l'Orient et de l'Occident, 30. — Propagation des cultes orientaux, 34. — Influences économiques, 35. — Théorie de la dégénérescence, 39. — Les conversions sont individuelles, 41. — Appel que les cultes orientaux font au sentiment, 44; — à l'intelligence, 47; — à la conscience, 53. — Insuffisances de la religion romaine, 56. — Scepticisme, 59. — Restauration d'Auguste, 60. — Cultes orientaux et pouvoir impérial, 60. — La purification des âmes, 61. — Rôle du clergé, 64. — Espoir d'immortalité, 67. — Conclusion, 70.

Chapitre III. — L'Asie Mineure	73

Arrivée de Cybèle à Rome, 73. — Son culte en Asie Mineure, 75. — Culte à Rome sous la République, 82. — Adoption de la déesse Mâ-Bellone, 85. — Politique de l'empereur Claude, 88. — Les fêtes du printemps, 89. — Propagation du culte phrygien dans les provinces, 91. — Causes de son succès, 93. — C'est un culte officiel, 95. — Accession

d'autres dévotions : Mèn, 97 ; — le judaïsme, 99 ;
— Sabazius, 102 ; — Anâhita, 104. — Le taurobole,
105. — Les repas sacrés, 109. — La philosophie,
111. — Le christianisme, 112. — Conclusion, 113.

Chapitre IV. — L'Égypte...................... 115
Fondation du culte de Sérapis, 116. — Culte égyptien hellénisé, 118. — Diffusion en Grèce, 124. — Introduction à Rome, 127. — Persécutions, 128. — Diffusion en Italie, 130. — Adoption sous Caligula, 132. — Son histoire, 133. — Sa transformation, 134. — Incertitude de la théologie égyptienne, 137. — Insuffisance de la morale, 141. — Son évolution, 144. — Puissance du rituel, 146. — Service quotidien, 149. — Les fêtes, 152. — Doctrine de l'immortalité, 155. — Le *refrigerium*, 159.

Chapitre V. — La Syrie...................... 161
La déesse syrienne, 161. — Importation de nouveaux dieux par les esclaves syriens, 163 ; — les marchands syriens, 166 ; — les soldats syriens, 172. — Les Sévères, 178. — Héliogabale et Aurélien, 179. — Valeur du paganisme sémitique, 180. — Culte des objets matériels, 181 ; — des animaux, 182. — Les Baals, 184. — Prostitutions sacrées et sacrifices humains, 185. — Transformation du culte sacerdotal, 188. — Idée de pureté, 189. — Influences étrangères, 190. — Babylone et les « Chaldéens », 191. — L'eschatologie, 196. — La théologie : le dieu céleste, 198 ; — tout-puissant, 201 ; — éternel, 203 ; — universel, 204 ; — le syncrétisme sémitique, 206 ; — aboutit à un hénothéisme solaire, 208.

Chapitre VI. — La Perse...................... 211
La Perse et l'Europe, 211. — Influence de l'empire des Achéménides, 214 ; — du mazdéisme, 215. — Conquêtes de Rome, 218. — Influence des Sassanides, 220. — Origine des mystères de Mithra, 223. — Les Perses en Asie Mineure, 225. — Caractères du mazdéisme d'Anatolie, 226. — Sa propagation en Occident, 232. — Ses qualités, 235. — Le dualisme 237. — La morale mithriaque, 242. — La vie future, 248. — Conclusion, 249.

TABLE DES MATIÈRES

Pages

Chapitre VII. — L'astrologie et la magie....... 252
Prestige de l'astrologie, 252. — Son introduction en Occident, 255. — L'astrologie sous l'Empire, 256. — Polémique impuissante contre l'astrologie, 261. — L'astrologie est une religion scientifique, 265. — L'idée primitive de sympathie, 269. — Les astres divins, 271. — Transformation des dieux, 273. — Dieux nouveaux, 274. — La grande année, 276. — L'eschatologie astrologique, 277. — Communion de l'homme et du ciel, 278. — Le fatalisme, 279. — Efficacité de la prière, 282 ; — et de la magie, 284. — Traités de magie, 285. — Idée de sympathie, 286. — La magie est scientifique, 287 ; — et religieuse, 288. — L'ancienne sorcellerie italique, 291. — L'Égypte et la Chaldée, 292. — La théurgie, 294. — La magie perse, 295. — Poursuivie comme criminelle, 299. — Survit aux persécutions, 300. — Conclusion, 302.

Chapitre VIII. — La transformation du paganisme romain 305
Le paganisme avant Constantin, 305. — Cultes d'Asie Mineure, 307 ; — d'Égypte, 308 ; — de Syrie, 309 ; — de Perse, 310. — Y a-t-il un paganisme ? 311. — La dévotion populaire, 312. — La philosophie, 313. — La polémique chrétienne, 315. — Le paganisme romain devenu oriental, 318. — Les mystères, 320. — Culte scientifique des Elementa, 320. — Le Dieu suprême, 321. — Les Astres, 323. — Le rituel moralisé, 324. — La vie future et la fin du monde, 325. — Conclusion, 326.

Appendice. — Les mystères de Bacchus a Rome.. 328
Culte de Bacchus orientalisé, 328 ; — en Asie Mineure, en Syrie, 331 ; — en Égypte, 332. — Introduction en Italie, 333. — L'affaire des bacchanales, 335. — César les réintroduit, 337. — Bacchus égyptien et asiatique, 339. — Bacchus africain, 340. — Propagation dans l'Empire, 341. — Caractères du culte, 343. — Immortalité des initiés, 345. — Destruction et survivances des mystères, 348.

www.ingramcontent.com/pod-product-compliance
Lightning Source LLC
Chambersburg PA
CBHW050539170426
43201CB00011B/1488